本书系2010年度教育部人文社会科学研究青年基金项目
“可萨研究”（项目批准号：10YJC770026）成果

国家出版基金项目
NATIONAL PUBLICATION FOUNDATION

欧亚历史文化文库

总策划 张余胜

兰州大学出版社

可萨突厥

丛书主编 余太山

桂宝丽 著

图书在版编目(CIP)数据

可萨突厥/桂宝丽著. —兰州:兰州大学出版社,
2012.12
(欧亚历史文化文库/余太山主编)
ISBN 978-7-311-04027-7

Ⅰ.①可… Ⅱ.①桂… Ⅲ.①突厥—民族历史—研究
Ⅳ.①K289

中国版本图书馆CIP数据核字(2013)第000202号

总 策 划 张余胜

书　　名 可萨突厥
丛书主编 余太山
作　　者 桂宝丽 著
出版发行 兰州大学出版社 (地址:兰州市天水南路222号 730000)
电　　话 0931-8912613(总编办公室) 0931-8617156(营销中心)
　　　　 0931-8914298(读者服务部)
网　　址 http://www.onbook.com.cn
电子信箱 press@lzu.edu.cn
印　　刷 兰州人民印刷厂
开　　本 700 mm×1000 mm 1/16
印　　张 9.25
字　　数 128千
版　　次 2013年1月第1版
印　　次 2013年1月第1次印刷
书　　号 ISBN 978-7-311-04027-7
定　　价 30.00元

(图书若有破损、缺页、掉页可随时与本社联系)
淘宝网邮购地址:http://lzup.taobao.com

出版说明

随着20世纪以来联系地、整体地看待世界和事物的系统科学理念的深入人心，人文社会学科也出现了整合的趋势，熔东北亚、北亚、中亚和中、东欧历史文化研究于一炉的内陆欧亚学于是应运而生。时至今日，内陆欧亚学研究取得的成果已成为人类不可多得的宝贵财富。

当下，日益高涨的全球化和区域化呼声，既要求世界范围内的广泛合作，也强调区域内的协调发展。我国作为内陆欧亚的大国之一，加之20世纪末欧亚大陆桥再度开通，深入开展内陆欧亚历史文化的研究已是责无旁贷；而为改革开放的深入和中国特色社会主义建设创造有利周边环境的需要，亦使得内陆欧亚历史文化研究的现实意义更为突出和迫切。因此，将针对古代活动于内陆欧亚这一广泛区域的诸民族的历史文化研究成果呈现给广大的读者，不仅是实现当今该地区各国共赢的历史基础，也是这一地区各族人民共同进步与发展的需求。

甘肃作为古代西北丝绸之路的必经之地与重要组

成部分，历史上曾经是草原文明与农耕文明交汇的锋面，是多民族历史文化交融的历史舞台，世界几大文明（希腊—罗马文明、阿拉伯—波斯文明、印度文明和中华文明）在此交汇、碰撞，域内多民族文化在此融合。同时，甘肃也是现代欧亚大陆桥的必经之地与重要组成部分，是现代内陆欧亚商贸流通、文化交流的主要通道。

基于上述考虑，甘肃省新闻出版局将这套《欧亚历史文化文库》确定为2009—2012年重点出版项目，依此展开甘版图书的品牌建设，确实是既有眼光，亦有气魄的。

丛书主编余太山先生出于对自己耕耘了大半辈子的学科的热爱与执著，联络、组织这个领域国内外的知名专家和学者，把他们的研究成果呈现给了各位读者，其兢兢业业、如临如履的工作态度，令人感动。谨在此表示我们的谢意。

出版《欧亚历史文化文库》这样一套书，对于我们这样一个立足学术与教育出版的出版社来说，既是机遇，也是挑战。我们本着重点图书重点做的原则，严格于每一个环节和过程，力争不负作者、对得起读者。

我们更希望通过这套丛书的出版，使我们的学术出版在这个领域里与学界的发展相偕相伴，这是我们的理想，是我们的不懈追求。当然，我们最根本的目的，是向读者提交一份出色的答卷。

我们期待着读者的回声。

总序

本文库所称“欧亚”(Eurasia)是指内陆欧亚,这是一个地理概念。其范围大致东起黑龙江、松花江流域,西抵多瑙河、伏尔加河流域,具体而言除中欧和东欧外,主要包括我国东三省、内蒙古自治区、新疆维吾尔自治区,以及蒙古高原、西伯利亚、哈萨克斯坦、乌兹别克斯坦、吉尔吉斯斯坦、土库曼斯坦、塔吉克斯坦、阿富汗斯坦、巴基斯坦和西北印度。其核心地带即所谓欧亚草原(Eurasian Steppes)。

内陆欧亚历史文化研究的对象主要是历史上活动于欧亚草原及其周邻地区(我国甘肃、宁夏、青海、西藏,以及小亚、伊朗、阿拉伯、印度、日本、朝鲜乃至西欧、北非等地)的诸民族本身,及其与世界其他地区在经济、政治、文化各方面的交流和交涉。由于内陆欧亚自然地理环境的特殊性,其历史文化呈现出鲜明的特色。

内陆欧亚历史文化研究是世界历史文化研究中不可或缺的组成部分,东亚、西亚、南亚以及欧洲、美洲历史文化上的许多疑难问题,都必须通过加强内陆欧亚历史文化的研究,特别是将内陆欧亚历史文化视做一个整体加以研究,才能获得确解。

中国作为内陆欧亚的大国，其历史进程从一开始就和内陆欧亚有千丝万缕的联系。我们只要注意到历代王朝的创建者中有一半以上有内陆欧亚渊源就不难理解这一点了。可以说,今后中国史研究要有大的突破,在很大程度上有待于内陆欧亚史研究的进展。

古代内陆欧亚对于古代中外关系史的发展具有不同寻常的意义。古代中国与位于它东北、西北和北方，乃至西北次大陆的国家和地区的关系,无疑是古代中外关系史最主要的篇章,而只有通过研究内陆欧亚史,才能真正把握之。

内陆欧亚历史文化研究既饶有学术趣味,也是加深睦邻关系,为改革开放和建设有中国特色的社会主义创造有利周边环境的需要，因而亦具有重要的现实政治意义。由此可见,我国深入开展内陆欧亚历史文化的研究责无旁贷。

为了联合全国内陆欧亚学的研究力量，更好地建设和发展内陆欧亚学这一新学科,繁荣社会主义文化,适应打造学术精品的战略要求,在深思熟虑和广泛征求意见后,我们决定编辑出版这套《欧亚历史文化文库》。

本文库所收大别为三类:一,研究专著;二,译著;三,知识性丛书。其中,研究专著旨在收辑有关诸课题的各种研究成果;译著旨在介绍国外学术界高质量的研究专著;知识性丛书收辑有关的通俗读物。不言而喻,这三类著作对于一个学科的发展都是不可或缺的。

构建和发展中国的内陆欧亚学,任重道远。衷心希望全国各族学者共同努力,一起推进内陆欧亚研究的发展。愿本文库有蓬勃的生命力,拥有越来越多的作者和读者。

最后,甘肃省新闻出版局支持这一文库编辑出版,确实需要眼光和魄力,特此致敬、致谢。

余太山

2010 年6 月 30 日

目录

序章　来自东方的游牧人

唐玄宗天宝十年(751 年),阿拉伯帝国阿拔斯王朝的呼罗珊总督阿布·穆斯林和唐朝的安西四镇节度使高仙芝分别应中亚地方王公的请求而出兵怛逻斯(今哈萨克斯坦的江布尔城)。双方在怛逻斯附近的阿特拉赫对峙 5 天,唐军因为葛逻禄部倒戈而被阿拉伯军队所击溃,这就是历史上著名的怛逻斯战役。

怛逻斯之战结束后,2 万汉地士兵被俘往阿拉伯地区,其中的许多人是手工工匠,他们把当时唐朝的很多技术传到了阿拉伯地区,并由此向西方传播。造纸术就是在这时传到中亚,并进而通过阿拉伯人传到西方的。

在这些俘虏中有一位名叫杜环的人,他在阿拉伯地区生活了十多年,到 762 年左右才从阿拉伯海搭乘商船回到广州。

回国后,杜环把自己在异域的所见所闻写成《经行记》一书,这本书成为当时的唐朝人了解阿拉伯地区社会风貌的重要原始材料。后来唐代著名的史学家杜佑在编纂他著名的代表作《通典》时就大量采用了杜环的材料。

杜环的《经行记》没能完整保存到今天,但是从《通典》中可以辑录出很多杜环的记载。《通典》第 193 卷中引用了杜环《经行记》的材料,其中提到了一个为当时的唐朝人所不熟悉的名字——可萨突厥。

杜环是在记载拂菻国和苫国的地理方位时提及可萨突厥的,拂菻国就是拜占庭帝国,而苫国指的是叙利亚地区。杜环称,拜占庭帝国在叙利亚的西边,北边为可萨突厥。在记载叙利亚时他提到,叙利亚在阿拉伯帝国的西部边界,北边与可萨突厥接壤。按照杜环记载的地理方位,可萨突厥应该在高加索地区以及拜占庭北方的黑海草原一带。汉文史料中有关可萨突厥的记载最早就出自杜环,此后《旧唐书》、《新唐书》的记载都转引自杜佑的《通典》。

虽然杜环的记载比较简单，没有对可萨突厥的风土人情进行介绍，但是却大致确定了可萨突厥的方位。这个在汉文史料中简单提及的部族，在拜占庭史料和阿拉伯的文献中却被大量记载。

可萨突厥人之所以被当时的拜占庭和阿拉伯人大量记载，是因为在阿拉伯帝国兴起的同时，可萨突厥也日益强大，最终在黑海和里海草原之间建立了强大的汗国，与当时的拜占庭和阿拉伯帝国形成三足鼎立之势。

7 世纪 30 年代，西突厥汗国陷入内乱，可萨突厥人摆脱了西突厥的统治，在北高加索地区建立了自己的汗国。刚刚独立的可萨汗国在黑海草原上遭遇了最大的敌手——保加尔人，经过争战，最终迫使保加尔国分裂并占领了原属保加尔国的黑海草原，成为拜占庭北方边界的一股新兴的政治力量。稳定了黑海草原的局势后，可萨突厥人又与阿拉伯人在高加索地区争夺对外高加索的控制权。双方在高加索地区先后进行了百年之久的战争，最终以高加索山脉为界划分了各自的势力范围，从此阿拉伯帝国没有能够逾越高加索山达到北部，而可萨突厥人的势力范围也被局限在高加索山以北地区。到 8 世纪后期，强大的可萨突厥汗国与拜占庭、阿拉伯帝国形成鼎立之势。也正是在这一时期，可萨突厥人放弃了古老的萨满教信仰，也拒绝了拜占庭帝国的基督教和阿拉伯人的伊斯兰教，转而皈依犹太教，成为中世纪史上唯一的一个犹太汗国。

8 世纪中期到 9 世纪后期的一个多世纪是可萨汗国的鼎盛时期。此时的可萨突厥汗国东接花剌子模，西至第聂伯河中下游，北达伏尔加河中游的伏尔加保加尔，南抵高加索山脉。治下民族众多，伏尔加保加尔人、布尔塔斯人、北高加索匈人、马扎尔人以及部分东斯拉夫部落都臣服于可萨突厥人。可萨突厥汗国的首都阿得尔既是东西方贸易的重要孔道，也是北方草原民族和南方定居民族间贸易的枢纽。可萨突厥人凭借强大的军事力量维持着商道的通畅，为各国的商人提供保障，同时收取关税，获得了巨大的财富。大约在 8 世纪末期，可萨王室皈依了犹太教，在国内实行宽容的宗教政策，许多穆斯林、基督徒、犹太人以及信仰其他宗教的人到可萨国经商或居住，极大地促进了可萨汗国的经济和文化发展。

9世纪中期，欧亚草原民族格局发生了巨大的变化。840年回鹘汗国的覆亡引发了中亚游牧民族的大迁徙。大批乌古斯人向西方迁徙，迫使原来居住在伏尔加河与乌拉尔河之间的佩切涅格人与可萨突厥人在伏尔加河地区发生冲突。9世纪90年代，佩切涅格人越过伏尔加河，迁徙到顿河与第聂伯河之间的黑海草原地区，赶跑了原先臣服于可萨突厥的马扎尔人，成为黑海北岸具有影响力的民族。佩切涅格人的西迁标志着可萨突厥汗国的衰落。

与此同时，9世纪60年代基辅罗斯的兴起极大地威胁着可萨突厥汗国的西部地区。可萨突厥的势力被迫退出基辅，第聂伯河中游原先臣属于可萨的东斯拉夫部落也纷纷被罗斯征服。10世纪前期，罗斯人几次取道可萨突厥控制的伏尔加河—里海航道，南下进攻里海沿岸的穆斯林。为了争夺对航道的控制权，罗斯人多次与可萨突厥人展开战争。

965年，罗斯大公斯维亚托斯拉夫对可萨突厥人发起毁灭性的攻击，大败可萨突厥可汗率领的军队，摧毁了可萨突厥人的要塞萨尔克尔以及阿得尔、萨曼达尔等城。同年，古斯人也越过伏尔加河乘机攻打可萨突厥人。在罗斯人与古斯人的双重打击下，可萨汗国最终覆亡。部分可萨突厥人向南退至塔曼半岛地区（史称“可萨里亚”）。1016年，拜占庭联合罗斯进攻“可萨里亚”，消灭了可萨突厥人的残余势力。可萨突厥人逐渐融入其他民族，从人们的视野中消失了。

可萨突厥这个曾经强大一时的游牧部族究竟从何而来，又去往何方？这支谜一样的游牧人带给历史学家太多困惑和不解，我们试图通过零星的史料记载勾勒出可萨突厥在历史上留下的印迹，揭开她那神秘的面纱。

欧亚草原历来是游牧民族东来西往的大舞台，历史上游牧民族曾在这里盛极一时，又迅速消失在民族迁徙和融合的洪流之中。斯基泰人、匈人、乌古尔人、萨比尔人、突厥人、阿瓦尔人、可萨突厥人、佩切涅格人、古斯人、克普恰克人无不在此留下了自己的足迹。

可萨突厥人的到来与5世纪中期发生在欧亚草原西部的民族大迁徙有着密切的联系。据拜占庭史家普里斯库斯记载,463年前后,萨拉古尔人(Saragur)、乌古尔人(Ogur)和翁乌古尔人(Onogur)派遣使者到东罗马求救,他们声称,来自东方的萨比尔人(Sabir)发动的猛烈进攻迫使他们离开故土,向西迁徙;而这些萨比尔人之所以攻打乌古尔人各部,主要是因为阿瓦尔人(Avar)对他们的进攻。

一些历史学家认为,阿瓦尔人是我国史书中记载的悦般人。悦般人的祖先为匈奴北单于的部落,汉代的车骑将军窦宪征讨北单于,迫使北单于西逃至中亚的咸海草原一带,追随北单于的部分老弱妇孺由于身体限制留在了龟兹以北的河谷地带,后来建立了悦般国。悦般国在乌孙西迁后占有乌孙故地,领地东起裕勒都斯河谷,西至纳伦河谷,南自龟兹以北,北抵伊犁河流域。悦般的发展引来了柔然的攻击,在柔然的巨大压力之下,悦般不得不选择离开,大约在450—460年之间开始西迁。由于此时的中亚为嚈哒人所控制,悦般只能沿着中亚北部的欧亚大草原进行迁徙。

悦般的迁徙很快带来了连锁反应,原先居住在额尔齐斯河流域的萨比尔人被迫向西迁徙,迫使西西伯利亚和哈萨克斯坦草原一带的乌古尔诸部越过伏尔加河向南俄草原迁徙。就这样,萨比尔人和乌古尔诸部逐渐迁徙至高加索以北的里海—黑海草原一带,并进而越过高加索山脉向外高加索地区迁徙,与拜占庭、萨珊波斯和外高加索各小国发生了联系。

根据10世纪阿拉伯地理学家马苏第的记载,可萨突厥人与萨比尔人同族,只是不同的语言对他们的称呼不一样。在突厥语里称为萨比尔人,而在波斯语中称为可萨突厥人。在突厥汗国的势力到来之前,可萨突厥人一直以萨比尔人之名活跃在高加索地区。

萨比尔人很可能就是曾经活跃在我国北方的鲜卑人。从名称上看,Sabir一词中,最后的r是阿尔泰语的集合后缀,若去掉这个r,则可以拟订为 Säbi。鲜卑在我国史料中有师比、犀毗、胥纰、私鈚、斯比等称呼，这些称呼显然与 Säbi 是完全一致的。

鲜卑作为继匈奴之后蒙古高原上又一个强大的游牧民族，分布范围十分广，通常在汉文史料里提到的拓跋鲜卑以及鲜卑其他部落只是鲜卑这个部落大联合体的部分而已。除了向南迁徙进入中原地区的鲜卑人之外，在南西伯利亚以及西西伯利亚分布着大量鲜卑人的部落。居住在伊犁河流域的悦般人在沿草原之路西迁的过程中首先遇到的，就是这些生活在西西伯利亚的鲜卑人。阿瓦尔人的进攻迫使鲜卑人向乌古尔人居住地迁徙，引发了乌古尔人各部落的迁徙。

正是在 5 世纪中期，鲜卑人以萨比尔人的名字为拜占庭的史官所了解。此后，萨比尔人又继续向里海草原一带迁徙，最终在 6 世纪初迁徙到北高加索地区，成为影响拜占庭和波斯在高加索地区征战的一股重要力量。

萨比尔人在一路迁徙的过程中征服了许多部落，组成了一个强大的部落联盟，控制着黑海和里海之间的北高加索地区大片的土地。

到 515 年的时候，萨比尔人已经迁徙到了高加索—顿河—伏尔加河三角地带。在这一年，萨比尔人穿越里海之门（Daryal Gorge），入侵了拜占庭的潘提克（Pontic）省区和卡帕多西亚（Cappadocia）省区。里海之门，指的就是今天俄罗斯达吉斯坦共和国的杰尔宾特（Derbent），我国传统译为打耳班（Darband）。这里是穿越高加索山脉的重要关隘，历史上占据北高加索的游牧民族只要穿过打耳班，就可以顺利进入外高加索地区，直接威胁到拜占庭和波斯对外高加索地区的控制。因此，对里海之门的占领和保卫对拜占庭和波斯至关重要；而赢得北高加索地区的游牧民族对自己的支持，对拜占庭和波斯在高加索地区的战事来说有重大影响。萨比尔人正是凭借着自己特殊的地理位置，以雇佣军的身份出现在交战双方的阵营中，游走在作战的两方之间，收受双方的金钱。

由于萨比尔部落联盟中人数众多，所以他们在拜占庭—波斯战争中的立场并不固定，其中一些部落的首领比较倾向于拜占庭一方，而另外一些部落则支持波斯人。

6 世纪 20 年代,统治萨比尔人的是已故首领巴拉克的遗孀波丽克丝,在丈夫死后,她夺取了大权,并且奉行与拜占庭结盟的政策。当时在萨比尔人内部有两股势力:一边是以女首领波丽克丝为代表的亲拜占庭势力,另一边是以两位部落头领斯图拉克斯和格罗尼斯为代表的亲波斯势力。

520 年刚刚即位的拜占庭皇帝查士丁尼一世与萨珊波斯在外高加索展开了战争。波斯国王卡瓦德(Kouades)拉拢斯图拉克斯和格罗尼斯,相约共同对付拜占庭人。波丽克丝得知消息后,夺去了斯图拉克斯的兵权,把他投入监狱,后来还把他作为礼物献给拜占庭人,而格罗尼斯则战死沙场。

女首领对亲波斯派的清洗并没有彻底肃清这股势力,相反却加剧了萨比尔人内部的分裂。在此后的战争中,萨比尔人中的亲波斯派公开支持波斯人,与波丽克丝相抗衡。530 年,大约有 3000 名萨比尔士兵支持波斯军队,与拜占庭作战。531 年,在波斯人的同意之下,部分萨比尔人穿过波斯人控制的阿兰之门,对亚美尼亚和拜占庭东部省区进行了劫掠性征伐,一直攻打到西里西亚(Cilicia)和南边的安条克(Antiochia)。

萨比尔人内部的争斗集中体现在 6 世纪中叶拜占庭和波斯展开的拉兹卡(Lazica)战争中,在这次战争中,萨比尔人分别支持战争的双方。551 年,拜占庭军队围攻波斯人占领的佩特拉(Petra)要塞,由于城墙非常坚固,久攻不下。在关键的时刻,拜占庭军队中的萨比尔人制造了新型的攻城机,最终帮助拜占庭军队取得了胜利。作为报复,第二年波斯将领梅尔梅罗率军进攻拉兹卡重镇阿尔齐欧波利斯(Archaeopolis),他命令军中的萨比尔人按照佩特拉战役中拜占庭人使用的攻城机的式样制造了大量的攻城机,萨比尔人与波斯人一起奋力攻城,但是最后大败而归。

萨比尔人积极地参与拜占庭与波斯的战争,并在战争中发挥着重要的影响;但是这种影响在 6 世纪中期阿瓦尔人进入北高加索地区后有所削弱。在阿瓦尔人的征服中,萨比尔人遭到重创,不过很快阿瓦尔人就离开了北高加索地区,越过多瑙河,到达潘诺尼亚地区,建立了阿瓦尔汗国。阿瓦尔人西迁后,萨比尔人又一度活跃在北高加索地区。

萨比尔人所组建的部落联盟在突厥人到来之前遭到了重创,他们的名字也渐渐淡出了史官的视野。西突厥人的铁骑征战到这里并与拜占庭、波斯人发生联系的时候,可萨突厥人成为西突厥的属部并追随西突厥进行征战,从此可萨突厥这一名称开始为世人所知。

拜占庭史料、亚美尼亚史料通常称可萨突厥人,阿拉伯史料中有可萨突厥人和突厥人两种称呼,前面提到的杜环《经行记》中就根据阿拉伯人的称呼记载为可萨突厥人。由于可萨突厥人长期作为突厥的属部活跃在高加索地区,所以在摆脱了西突厥的统治后继承了西突厥的很多制度,突厥文化在可萨突厥人身上产生了巨大的影响。

根据语言学家和历史学家的研究,可萨突厥人说的语言是突厥语的一种,今天突厥语言学家通常把可萨语划分到阿尔泰语系突厥语族的乌古尔语组。

可萨突厥人在西方文献中通常被称为 Khazar,我国翻译的一些书籍中常常音译作哈扎尔人或卡扎尔人。在本书中我们按照我国史料的记载,统称为可萨突厥人。

1 西突厥的属部

1.1 西突厥的兴起

6世纪中期,在内陆欧亚史上影响重大的游牧部族——突厥兴起于阿尔泰山地区。突厥人在崛起之前,曾居住在阿尔泰山以南地区,他们受柔然的统治,是专门为柔然统治者锻铁的部族奴隶。546年左右,突厥首领土门为柔然平定了铁勒人的叛乱,统一了铁勒各部,于是向柔然求婚,但是却遭到可汗阿那瓌的辱骂和拒绝,土门从此与柔然断绝关系。552年,土门发兵大破柔然,迫使阿那瓌自杀,土门自称伊利可汗,突厥汗国由此创立。

土门可汗在位不久就去世,其子科罗继位,史称乙息记可汗。科罗去世后,其弟俟斤继位,号称木杆可汗。在木杆可汗统治时期(553—572年),突厥汗国迅速扩张:在东方,突厥人彻底扫荡了柔然的残余势力,统一了漠北地区;在西方,向中亚进军,遭遇到曾叱咤中亚的嚈哒人的抵抗,最终突厥汗国联合萨珊波斯大破嚈哒,双方以阿姆河为界瓜分了嚈哒的领土,从此中亚大部分地区并入突厥汗国的版图。经过一系列征服后,木杆可汗将汗庭迁往于都斤山(今蒙古人民共和国杭爱山),此时的突厥汗国"东自辽海以西,西至西海万里,南自沙漠以北,北至北海五六千里",成为内陆欧亚强大的霸主。

俄国学者古米列夫在《古代突厥》一书中指出:

> 既然突厥汗国的疆域在6世纪末西与拜占庭,南与波斯以至印度,东与唐朝相接,那么在我们所探讨的时段这些国家的历史变故同突厥强国的命运相关联是很自然的。突厥帝国的形成在某种程度上成为人类历史的转折点,因为此前地中海文化和远东

文化是分离的,尽管他们相互知道对方的存在。无垠的草原和山脉阻碍了东西方的交往。只是在后来发明了金属马镫和驮具,替代大车,才使商队有可能比较容易地穿过荒漠,翻越山隘。(《古代突厥》第5页,莫斯科,1993年)

突厥汗国从一开始就采用了两翼的政权结构,这种统治体系在内陆欧亚草原的部落联盟和游牧政权中非常具有典型性,无论是早先的匈奴还是后来的蒙古,都曾经实行这一制度。突厥汗国分为东西两部,各部有自己的可汗。东部的可汗是大可汗,其统治中心在蒙古高原;西部的可汗在名义上是副可汗,接受大可汗的管辖,但是具有很强的独立性。突厥汗国创立之初,伊利可汗的弟弟室点密被封为可汗。木杆可汗把汗庭东迁到于都斤山之后,室点密可汗以鹰娑川(今天山中部开都河上游巴音布鲁克一带)为中心,统辖着汗国的西部地区,史称西突厥。

西突厥分为十部,每部由一人统领,该统领的官职为"设",可汗赐予他一箭作为信物,因此这十部也号称"十箭"(On oq)。十箭同样分为两翼,称为左右两厢:左厢为咄陆部,统领东部的五箭;右厢为努失毕部,统领西部的五箭。

突厥汗国在西方的征服主要是由室点密可汗及其之后的西突厥统治者来完成的。室点密可汗在突厥汗国的历史上起了重要的作用,在突厥汗国占有非常重要的地位。保存至今的古代突厥文碑铭中就把室点密可汗与土门可汗(突厥人自称布民可汗)相提并论:"当上面蓝天、下面褐色大地造成时,在二者之间也创造了人类之子。在人类之子上面,坐有我祖先布民可汗和室点密可汗。他们即位后,创建了突厥人民的国家和法制。"("阙特勤碑"东面第1行)

西突厥在向中亚推进时遭遇了同为游牧政权的嚈哒,早在6世纪50年代,突厥和嚈哒就在中亚北部地区发生了冲突。萨珊波斯国王库思老一世在位时期(531—579年)与拜占庭签署了和平协议,并停止向嚈哒称臣纳贡。为了抢夺嚈哒在波斯东部的领土,库思老主动向突厥可汗派遣使者,希望与突厥结盟,共同对付嚈哒。突厥可汗派出的使臣必须通过粟特地区，但是该地为嚈哒占据，嚈哒不愿突厥与波斯结盟，于是下令杀死突厥使者。突厥可汗在563年左右，率领军队越过锡尔河，向南推进，嚈哒也整装应战，双方在布哈拉附近展开激战，最终嚈哒战败，向南逃窜，突厥人乘胜追击。此时波斯国王库思老也乘机率军入侵了嚈哒的领土并占领了阿姆河以南地区，嚈哒被迫臣服。于是突厥可汗与波斯国王以阿姆河为界，瓜分了嚈哒的领地。西突厥占领了阿姆河以北地区的赭时（今塔什干地区）、粟特（撒马尔罕、乞史与布哈拉）和费尔干纳，萨珊波斯则夺取了嚈哒在阿姆河以南的土地。

西突厥在积极向中亚的河中地区扩张的同时，也沿着欧亚草原向西推进。当时不甘臣服于西突厥的阿瓦尔人被迫西迁，大约有2万阿瓦尔士兵携带家眷和辎重背叛了突厥人一路西逃。

阿瓦尔人的西迁发生在室点密统领的西突厥击灭嚈哒之前。当室点密可汗得知阿瓦尔人逃走了，而且在离开时破坏了突厥人的领地时，他如同野蛮人一般自负地宣称："他们不是鸟，不能飞过天空，而逃脱突厥人的剑；他们不是鱼，不能在水中，深深地沉入海底；他们只能在地面上游走。一结束对嚈哒人的战争，我就去讨伐阿瓦尔人，他们一定难逃我强有力的攻击。"

557—558年左右，阿瓦尔人到达北高加索地区，迫使阿兰人带领他们的使者去觐见拜占庭皇帝查士丁尼一世。阿瓦尔首领派遣了以坎迪赫（Kandikh）为首的使团前往君士坦丁堡。坎迪赫来到皇宫后，极尽吹嘘之能事，他声称自己的部落是最伟大而且最强有力的部落，阿瓦尔人是无敌的，他们能够轻易地征服和毁灭那些挡住他们去路的人。于是他劝拜占庭皇帝与阿瓦尔人结盟，并接受他们最有效的保护；希望能获得珍贵的礼物和岁贡，以及肥沃的土地，这样他们才会只对罗马帝国表示友好。

查士丁尼一世虽然对使臣的傲慢非常不满，但是鉴于阿瓦尔人来势汹汹，而且阿瓦尔人的铁骑已经横扫了北高加索地区和黑海草原，出于拜占庭黑海防线的安全考虑，被迫与阿瓦尔人结盟。

就在使者出使拜占庭的时候，阿瓦尔人又征服了生活在黑海东岸的翁乌古尔人、高加索匈人的扎里部落以及萨比尔人。之后一路向西，先后征服了乌提古尔人和库提古尔人，迅速扩张到多瑙河下游地区，在566年，还一度打败了法兰克王国的国王西吉贝特。阿瓦尔人的首领伯颜(Bayan)再次向拜占庭派出使者，要求拜占庭皇帝把潘诺尼亚地区割让给他们居住，否则阿瓦尔人将渡过多瑙河进攻拜占庭。面对阿瓦尔人的压力，拜占庭帝国为了将兵力集中于东部边界，对付波斯军队，于574—575年冬与阿瓦尔人缔结条约，答应每年付给阿瓦尔人8万金币，并同意阿瓦尔人居住在今匈牙利西部的潘诺尼亚地区。

阿瓦尔首领伯颜自称可汗，建立了阿瓦尔汗国，经过一系列征服，使其汗国成为中欧的强大政权。796年，阿瓦尔人被法兰克国王查里曼大帝打败，一蹶不振，其地由保加尔汗国与斯拉夫人的摩拉维亚王国分割。

阿瓦尔人在短短的十多年间，迅速从北高加索地区迁徙到中欧，说明来自西突厥的压力很大。西突厥人从6世纪60年代开始，一路追剿阿瓦尔人，很快就来到黑海草原，并占据了北高加索地区。先后征服了伏尔加河下游以西地区的乌古尔人、黑海东岸的翁乌古尔人、亚速海东部的乌提古尔人、北高加索的萨比尔人以及阿兰人，到576年攻占拜占庭在刻赤海峡东岸的重镇博斯普鲁斯城(Bosporus)后，突厥人已经控制了北高加索和克里米亚地区。

黑海草原的大多数部族都成了西突厥的属部，接受西突厥的统治。萨比尔人也是在此时成为突厥的属部。萨比尔人在此前阿瓦尔人进攻时遭到了重挫，突厥人到来后又一次遭受打击，因此以萨比尔人为核心的萨比尔部落联盟逐渐被以可萨突厥人为核心的部落联盟所取代，可萨突厥一名在史料中频繁出现，萨比尔一名则逐渐淡出人们的视线。

西突厥将领土扩张到北高加索地区后，向拜占庭派遣了使者，室点密可汗派遣粟特人马尼亚赫率使团携带珍贵的丝绸礼品和书信前往拜占庭。突厥使者长途跋涉，翻越高加索山，于568年末到达君士坦丁堡。拜占庭皇帝查士丁二世(Justin Ⅱ，565—578年在位)厚待使者，接受其国书，并详细询问了突厥汗国的情况和风土人情。当拜占庭皇帝得知中亚强大的嚈哒已被突厥人消灭，突厥领土已经与波斯接壤时，他意识到这是共同对付萨珊波斯的好时机，于是决定与突厥人结盟。

西突厥此次派使者出使还有一个更重要的目的，就是希望绕开波斯，直接与拜占庭进行贸易。西突厥在中亚及其以西地区的扩张，不仅开疆扩土，更重要的是获得了对东西方传统交通要道——丝绸之路中亚段的完全控制权。丝绸之路东起洛阳、长安，经敦煌沿塔里木盆地南北两缘至喀什噶尔，越过帕米尔高原至巴克特里亚，经波斯北境到达地中海东岸，再从这里通往罗马帝国。罗马帝国在经历了3世纪危机以后，其政治、经济中心东移到君士坦丁堡，丝绸之路的西段也逐渐北移。这对于已经控制了中亚丝绸市场的突厥来说，就有可能避开波斯的中介贸易，直接与拜占庭人进行交易，从而获得更丰厚的利润。

在西突厥的贸易活动中，粟特人具有决定性影响。作为中亚河中地区的古老民族，粟特人以善于经商而著称。6世纪初，粟特人依靠在中亚和中原地区间建立起来的广泛的商业网，从中国内地获得大量丝绸和财富。西突厥控制了中亚后，粟特人希望借助于突厥的势力，将经商范围扩展到更远的西方。在粟特人的推动和策划下，西突厥开始行动起来，向西方拓展丝绸市场，第一个目标自然是波斯。

粟特人为推销大量丝绢，请求突厥可汗遣使至波斯，要求波斯国王允许粟特人在其境内贩卖丝织品，西突厥的室点密可汗为此派遣以粟特人马尼亚赫(Maniakh)为首的使团前往波斯。但波斯国王不愿突厥使团入境，下令收购突厥使团带来的全部丝货并当其面全部焚毁，宣称波斯不需要来自突厥的生丝。突厥使者败兴而归，毫无所获。室点密并不甘心，第二次派遣使团。为阻止突厥人再次前来，波斯国王令人在使者的食物中投毒，鸩杀使者，仅三四人幸免。从此突厥与波斯的关系更加恶化。

突厥人试图通过波斯贩运丝绸的通路已被阻断，只能直接与拜占庭联系。粟特首领马尼亚赫乘机劝说室点密可汗与拜占庭人建立友好关系，将生丝卖给消费生丝远多于他国的拜占庭人，并表示愿意率突厥使者前往拜占庭，为两国建立友好关系效劳。

突厥使者希望通商的请求得到了拜占庭皇帝的允许，查士丁二世也认为这是打破波斯丝绸垄断的绝好机会。于是双方达成协议，建立联盟。为了回应突厥的通使，拜占庭皇帝派遣使者蔡马库斯于569年8月随马尼亚赫回访西突厥。

西突厥可汗室点密在汗庭所在地白山(Ektag)召见了拜占庭使者，对他优礼有加，盛情款待，并再次派遣突厥人塔格马及马尼亚赫之子(此时马尼亚赫已死)随蔡马库斯往访君士坦丁堡。蔡马库斯率使团跨过锡尔河，沿咸海边，过恩巴河、乌拉尔河、伏尔加河，经里海东北岸，从高加索中部到达黑海岸边，再乘船到斐西斯(Phasis)河口，换船到达特拉比宗(Trapezus)，然后乘帝国驿站的马匹于571年秋到达君士坦丁堡，结束其使命。

随蔡马库斯前来的突厥使者塔格马拜见了查士丁二世，极力鼓动拜占庭攻击波斯，因为此时突厥已发动对波斯的攻击。查士丁二世认为，在突厥与拜占庭的联合夹击下，波斯将很快被征服。受此念头的鼓舞，拜占庭极力与突厥通好。蔡马库斯和塔格马之后，突厥与拜占庭之间又有几次通使，在此期间，双方使者大多经过高加索地区前往目的地。拜占庭使者从突厥返回时，每次都有不少突厥人随往君士坦丁堡。

从里海西北岸经高加索前往君士坦丁堡的这段路程，是欧亚草原之路西端通向巴尔干地区的一个重要的分支路线。还有一条更快捷的线路是水路，576年拜占庭使者瓦伦丁第二次率使团出使西突厥时，就是从君士坦丁堡出发，乘"快船"到达黑海南岸的希诺普(Sinope)，再从这里乘船到达克里米亚半岛西南岸的赫尔松，登陆后沿克里米亚半岛南岸亚速海东岸地区，经里海北岸到达西突厥汗帐的。

瓦伦丁此次出访西突厥的目的，一是向突厥宣布提比略皇帝已即位，二是请求续订查士丁二世经蔡马库斯与室点密所订之条约，敦促突厥迅速与波斯开战，协助拜占庭共同夹击波斯。瓦伦丁首先见到的是室点密的儿子咄陆设(Turxanthus)，此时刚即汗位的达头可汗任命咄陆设统领西突厥的西部地区。咄陆设得知使者来意后勃然大怒，责骂罗马人为骗子。原因是拜占庭皇帝背信弃义，与突厥人的奴隶阿瓦尔人结盟，而且还一直对突厥人隐瞒通往拜占庭的捷径。在突厥人看来，拜占庭与阿瓦尔人签约，是难以忍受的对突厥人的敌对行动。拜占庭帝国虽与西突厥建立联盟，但对突厥向西方的扩张大概始终怀有戒心。随着突厥势力的向西扩展，突厥可汗对此已有察觉，所以，拜占庭使者再次前来拜访可汗并要求突厥参与联合进攻波斯的军事行动时，突厥人有一种被欺骗的感觉，恼怒之下咄陆设对拜占庭使者吼叫："罗马人，你们为什么引导我的使者通过高加索到拜占庭，而声称没有其他路线可行？你们这样做是想阻挡我可能通过其他路线进攻罗马帝国。但是我清楚地知道第聂伯河流过哪里，也知道多瑙河和艾布洛河在哪里，也知道我的奴隶瓦尔高尼泰（Uarkhonitai，即阿瓦尔人——引者）从哪里进入罗马领土。"咄陆设所说的"其他路线"，即由拜占庭苦心经营的多瑙河中下游防线和色雷斯到达君士坦丁堡的道路。拜占庭人对突厥人封锁有关这条道路的消息，显然是出于对突厥西进的顾虑。

瓦伦丁出使突厥期间，适逢室点密可汗新亡，咄陆设强迫拜占庭使者按突厥习惯割脸致丧，极尽侮辱后才允许瓦伦丁前往西突厥汗庭白山觐见达头可汗。

西突厥汗国对拜占庭的态度突然转变，并非仅仅因为拜占庭人与阿瓦尔人结盟，更重要的是西突厥此时想大举向西扩张。达头可汗是一位很有野心的统治者，他一心想成为包括东部突厥在内的整个突厥汗国的大可汗，在继位之初就积极谋划向西扩张。

拜占庭帝国当时形势较危。在568—580年间，帝国的西部面临威胁，10万斯拉夫人渡过多瑙河进入色雷斯、马其顿等地；在外高加索，拜占庭与波斯争夺亚美尼亚遭到了失败。西突厥正是想趁此机会扩张，夺得通往黑海的据点。576年，就在瓦伦丁出使之时，西突厥率领已臣服的乌提古尔人出兵攻占刻赤海峡的博斯普鲁斯城，从此突厥的势力扩展到了克里米亚地区。

588年前后，西突厥利用波斯在西线与拜占庭帝国交战之机，由沙巴(Shaba)率领30万军队入侵吐火罗斯坦，兵至波斯东部的帆延(今阿富汗巴米扬地区)和哈列(今阿富汗赫拉特)两地。与此同时，可萨突厥人的军队也进至里海南岸的打耳班，入侵波斯在外高加索的领地。这是可萨突厥人第一次作为突厥属部参与突厥人的军事活动。可萨突厥人的进攻显然是想在西线牵制住波斯人，但是他们并没有对波斯人构成太大的威胁。波斯国王派遣著名的将领巴赫兰率军抗击入侵吐火罗斯坦的突厥军队，突厥首领中箭而死，波斯获胜，突厥损失惨重。双方签署了和平协议，仍然以阿姆河为界。

6世纪末期，西突厥的达头可汗醉心于成为整个突厥汗国的大汗，多次发动对东部突厥的征战。此时正是隋朝兴起的时候，隋朝派军干预突厥汗国的内乱，最终达头可汗在战乱中不知所终，西突厥从此陷入长期的内乱之中。经过多年战乱之后，611年，室点密的孙子射匮可汗重新统一了西突厥各部，为西突厥的中兴奠定了基础。

射匮可汗在位不久就去世了，汗位由他的弟弟统叶护(或称叶护)可汗继承。据有关记载判断，统叶护继位的时间当是在隋朝大业十三年(617年)或稍前。隋唐交替之际也是西突厥汗国发展的鼎盛时期，隋末内地战乱和唐朝初期与东突厥的战争，使唐朝与东突厥争相拉拢西突厥，西突厥汗国在统叶护可汗时期达到了高峰。

西突厥在统叶护可汗的率领下向西、向南开拓，势力范围超出了室点密时代与萨珊波斯划定的阿姆河，扩张到了阿姆河以南、兴都库什山以北的大片地区，成为内陆欧亚当时最为强大的游牧政权。统叶护可汗新征服的地区，大体上相当于铁门关以南，兴都库什山以北，波斯以东，帕米尔高原以西，在历史上被称作"吐火罗故国"的地区。

在室点密、达头可汗时代，西突厥的汗庭设在龟兹以北的天山谷地；到了统叶护可汗时期，为了加强对中亚地区的控制，把汗庭迁到了千泉。千泉在石国以北，石国大致相当于今天乌兹别克斯坦首都塔什干地区，塔什干在突厥语中的意思就是石头城。按照《大唐西域记》的记载，千泉在素叶城以西400里。素叶城也叫碎叶城，是唐朝的安西四镇之一，位于今天吉尔吉斯斯坦托克马克市。据史料记载，这里是我国唐朝著名大诗人李白的出生地。素叶城以西400里的千泉是水草丰美的辽阔牧场，大致在今天的西部天山之北，从楚河西支上游的诸多河流至塔拉斯河上游的众多河流一带，这片区域正是游牧民族喜爱的建立牙帐的首选之地。

随着疆土的扩大，统叶护可汗在西域各地采取不同的方式进行统治。在中亚绿洲地区的各个小国，统叶护可汗保存了土著政权的君主，授予他们"颉利发"的称号，并派遣一位吐屯，监督该国交纳贡赋。在另外一些地方则派遣宗室子弟，授予叶护（Yabghu）的称号，册命为小可汗，在吐火罗斯坦实行的就是这种政策。唐玄奘西行印度取经途经吐火罗时，就记载统治这里的王姓阿史那氏，称叶护。

1.2 作为西突厥属部的可萨突厥人

统叶护可汗汗庭西迁后，加强了对西突厥汗国西部地区的控制。当时黑海草原和北高加索地区的众多游牧部族都臣服了西突厥。为了有效控制这一地区，统叶护可汗派遣了一位叶护管理这里。

叶护为西突厥高官，通常由可汗的子弟或宗族成员来担任，具有较大的自治权力，基本上相当于镇守一方的诸侯，可萨突厥人就在叶护的统治之下。这位叶护在拜占庭史官塞奥发尼斯的编年史中被称为"仅次于可汗的第二级的首领 Zieboul"，而在《高加索阿尔巴尼亚史》中被称为"地位仅次于北方之王的名叫 Jebu Xak'an 的人"。当时可萨突厥还是西突厥汗国的属部，因此西突厥汗国的可汗授予可萨突厥人的最高首领"叶护"的称号。史料称这位叶护是"北方之王"的兄弟，"北方之王"指的就是西突厥的统叶护可汗，显然统叶护派遣了自己的兄弟作为叶护统治可萨突厥人。可萨突厥人此时的行动都在这位监国的叶护可汗的率领之下，对于西突厥汗国仍然处于臣服地位。

626年春天，可萨突厥人在叶护的命令下，试图攻打外高加索地区的梯夫利斯（今格鲁吉亚的第比利斯），这是当时一座著名的商业城市，非常富饶和繁华。此时拜占庭皇帝希拉克略也率军驻扎在拉齐卡(Lazica)。

626年，拜占庭的局势十分危急，君士坦丁堡面临波斯人和阿瓦尔人两面攻击的威胁。波斯著名将领萨赫尔巴拉兹亲率大军挺进小亚细亚，占领了察尔西顿，扎营在博斯普鲁斯海峡东侧。不久，阿瓦尔汗王率领阿瓦尔人、斯拉夫人、保加尔人和吉皮德人部落出现在君士坦丁堡城下，从海上和陆地围困了君士坦丁堡。希拉克略为了取得主动权，兵分3路，率军亲征波斯。其中一路兵力保卫首都君士坦丁堡，另一路由希拉克略的兄弟塞奥多利(Theodore)率领，迎战萨赫尔巴拉兹的军队，主力则由皇帝自己亲自率领，开赴拉齐卡。

希拉克略驻扎在拉齐卡时，听说可萨突厥人围攻梯夫利斯，于是希望与可萨突厥人联合攻占梯夫利斯，派人前去可萨军营商谈合作事宜。可萨突厥人也很想与拜占庭人拿下梯夫利斯这座繁华的城市，但可萨突厥人这次的进攻是劫掠性质的，并没有倾注太多的兵力，所以城池久攻不下；而此时的希拉克略为了应付波斯人对拜占庭的入侵，兵分3路，把重点放在应付波斯人对拜占庭的进攻上，因此军队数量也很有限。由于可萨突厥人和拜占庭人的兵力所限，他们一直没能攻下梯夫利斯。正在双方僵持的时候，波斯国王库思老抽调援军，前来帮助梯夫利斯人解围。无奈之下，可萨突厥人和拜占庭人最后决定撤军。

梯夫利斯城中百姓听说波斯人前来解围，感到胜利在望，于是制作头像侮辱两位君主。他们取来一个巨大的南瓜，在上面画出了可萨突厥叶护的像。在毛发浓密的梯夫利斯人看来，来自东方的叶护可汗没有睫毛和胡须，因此他们在画睫毛的地方只画了一条细细的线，该画胡须的地方，则带侮辱性地让那里光秃秃的；他们把他的鼻孔画得有一指距那么宽，鼻孔下面有很多毛发作为髭须，这样所有人都可以认出来是叶护可汗。梯夫利斯居民把这个带到城墙上，向对面的敌人展示，他们大声叫道："看看你们的皇帝吧，向他朝拜吧，因为他就是你们的叶护汗！"他们抓起矛刺向南瓜，在可萨突厥人面前极力讽刺叶护可汗。他们还嘲笑、辱骂拜占庭皇帝希拉克略。

叶护可汗和希拉克略皇帝都异常愤怒，他们把仇恨和敌意深藏在心中，并立下誓言：到他们雪耻的那一天，这个城市里没有一个人能够逃脱。带着对梯夫利斯人的怨恨，可萨突厥人和拜占庭人放弃了围攻。

希拉克略对叶护可汗说："今年你的军队就和平地返回吧，因为我明白你们是在凉爽的气候中长大的，你们将难以忍受即将到来的夏天，波斯国王的首都在底格里斯河边，那里夏天十分闷热。等到来年炎热的季节过去的时候，你再返回这里，这样就可以实现我们的计划了。"希拉克略与叶护可汗并没有达成实质性的协议，只是一个口头约定而已。直到拜占庭皇帝向叶护可汗派遣使者，双方才正式确立了联盟关系。

可萨突厥人与拜占庭人在梯夫利斯的会晤促成了后来双方的结盟。为了壮大自己的力量，扭转局势，希拉克略认为应该让北方的蛮族通过打耳班要塞，突破高加索山脉，辅助自己征讨波斯，以牵制波斯对拜占庭国土的进攻。他命令他的一个贵族安德烈（Andrē）带着礼金前往可萨突厥游说，并对安德烈说："如果他们热心帮助我，我将会尽力满足这些留长发的酷爱金子的部落的所有要求。"安德烈受命前往北高加索，出使可萨突厥人地区。

可萨突厥人当时作为西突厥的属部生活在北高加索地区，波斯人对高加索地区的控制阻碍着西突厥向南扩张，而拜占庭与波斯的战争恰恰是一个可以获利的好时机。因此，当希拉克略派遣使者向西突厥派驻可萨地区的叶护可汗求援时，叶护可汗答应了他们的请求。在他看来，与拜占庭结盟可以带来巨大的利益，而且攻击所有臣服于波斯国王的地方可以得到战利品，于是他热切地回答说："我将会帮助您的皇帝并全力对付他的敌人，我将亲自率领我最勇敢的军队去帮助他。我会用剑和弓来满足他的要求，实现他的愿望。"

为了确立和约，叶护可汗派出1000精兵和一些技艺精湛的神射手随同安德烈晋见希拉克略皇帝，按照可萨突厥人自己的法律彼此宣誓，订立盟约。可汗同意这支军队由希拉克略皇帝差遣，听从他的命令。双方相约来年共同出兵外高加索。

627年,可萨突厥的叶护可汗与儿子“设”一同领兵入侵外高加索地区。可萨突厥人越过了里海之门——打耳班,入侵波斯占领的阿尔巴尼亚地区(今天的阿塞拜疆)。此时拜占庭皇帝希拉克略也从拉齐卡出发,加入了可萨突厥人的队伍。叶护可汗挑选出4万勇敢的士兵,加入拜占庭人的军中,希拉克略率领这些士兵向库思老进攻。可萨突厥军队在阿拉克斯河(Araxes)安营扎寨后,派遣使者到波斯国王库思老那里,通知波斯国王他们与拜占庭皇帝结盟的事,并宣称他们出兵是来帮助拜占庭人的,奉劝波斯人投降。

可萨突厥人的使者向库思老转告了叶护可汗的话:“你必须答应下面几件事情:第一,撤走攻打罗马国王的军队,把你用武力占领的所有罗马人的土地和城市归还给罗马国王;第二,释放你手中所有的罗马俘虏;第三,把所有信仰基督教的民族崇敬和珍重的十字架圣物归还罗马人。如果你不召回你的军队,放弃进攻,我将双倍惩罚你对罗马国王希拉克略犯下的恶行,我将像你夺取他的土地那样用剑征服你的土地。我不会放过你,我言出必行!”

波斯国王库思老听到这些话后,狂怒不止同时又心怀忧虑,但是他很有心计地掩饰住他的愤怒和恐惧,满是责备地答复可萨突厥使者说:“回去告诉你们的国王,我的兄弟可汗,多年来我的祖先们和我自己已经给了你们的王室很多的荣誉和尊重,通过子女的婚姻彼此结盟,我们是彼此相爱的兄弟。你们不应该轻信我的奴隶罗马人的话,不要被他们的花言巧语所麻痹,轻易背叛我们的联盟。”使者带着库思老的话返回了可萨突厥的军营。

叶护可汗事先已料到波斯国王不会同意撤军,于是他下令发动总攻。可萨突厥人凌厉的攻势令波斯军队难以招架,而此时希拉克略也率领着联军向波斯首都挺进。

在这危急时刻,波斯国王顾不上自己的尊严,派遣使者前去说服叶护可汗撤军。波斯使者声称:“如果你们需要金银和珍贵的石头,薄纱和镶有金边以及缀有珍珠的紫袍,我们可以给你们想要的两倍。你们不要为了满足拜占庭人无意义的要求,再来攻击我们的国家。”

可萨突厥人与拜占庭人联盟本身就是希望借两个大国之间的战争来获取利益,既然撤军可以得到波斯人给的贿赂,他们自然乐意退出。而且可萨本身也不愿把战火引到自己身上,于是当波斯人威胁要把攻打拜占庭的主力调来进攻可萨突厥时,可萨突厥人最终撤军了。

希拉克略于627年秋季率领大兵压境,进攻波斯腹地。12月,他们在尼尼微战役中大败波斯军队,取得决定性的胜利。希拉克略继续其胜利大进军,兵临波斯首都泰西封。库思老整顿了剩下的为数不多的军队,试图进行最后一搏,但是波斯将军临阵倒戈,投降了拜占庭人。628年春季,波斯爆发内乱,库思老二世的儿子卡瓦德·西罗埃(Kavadh Siroe)发动兵变,弑杀父亲,登上王位。新即位的卡瓦德国王很快与拜占庭皇帝签署和约。

虽然可萨突厥人最终没有追随希拉克略前往波斯本土作战,但正是可萨突厥人对高加索阿尔巴尼亚地区的进攻牵制住了波斯人的兵力,削弱了波斯人在这一地区的统治,为拜占庭赢得最终的胜利扫清了障碍。

可萨突厥人虽然在627年撤军,但是攻打高加索阿尔巴尼亚带来的巨大利益驱使其决定第二年再次出兵。

628年,可萨突厥的叶护可汗与其子设率军突破打耳班要塞后,首先入侵格鲁吉亚。由于上次围攻梯夫利斯的时候,该城居民用南瓜制作了叶护可汗的头像,借以侮辱他,所以这次叶护可汗血洗梯夫利斯,处死了波斯人派驻这里的总督以及当地的君主。保留至今的亚美尼亚文史料《高加索阿尔巴尼亚史》中用大量详尽、具体的描写渲染了可萨突厥人屠城的血腥和残暴。据载,当时统治该城的是波斯总督和格鲁吉亚本土的君主。叶护甚至下令剜去了当地君主的双眼,以报复其对自己的侮辱。

在掠夺了大量财富后,叶护可汗返回了自己的国家,留下儿子继续攻打阿尔巴尼亚。临走时他对军队下达命令:“如果他们国家的贵族和统治者来到我儿子跟前,交出他们的国家,把城市和军事要塞以及繁华的市场贡献给我的军队,那么允许他们活下来为我服务。但是如果他们不愿这样做，那么不要放过任何 15 岁以上的男人，只留下他们的男孩和女人们，充当我们的奴隶。”

可萨军队遵照命令进攻阿尔巴尼亚，设派遣使者向波斯派驻阿尔巴尼亚的总督盖伊沙克(Gayshak)以及当地的主教维罗伊(Viroy)转达了叶护可汗的旨意。

波斯总督把辖区的居民都集合到帕尔塔瓦(Partaw)要塞，加强了这里的防卫，决定先观望一下局势再作定夺。

可萨突厥军队首先来到波斯人花费了巨大的心血才建成的打耳班要塞。这座城墙是波斯国王动用了国家大量的财力和物力，征召了最好的建筑师，使用了各种材料才在高加索山和里海之间建起的军事工程，也因为其坚固而被称为“里海之门”。然而这固若金汤的城墙也没能抵挡住可萨突厥人的进攻。

可萨突厥人突袭打耳班，让驻守军队措手不及。游牧骑兵闪电般的速度使守军难以招架，射手们目标准确的弯弓射出的箭像巨大的冰雹一样砸向守军。士兵们在可萨突厥人强大的攻势下败下阵来，打耳班要塞被攻陷。

当消息传到负责帕尔塔瓦要塞防务的波斯总督这里时，他震惊了。巨大的恐惧萦绕着他，他把军队集中在要塞的中心，向军队发表演说，但是由于非常害怕，他的膝盖颤抖着，一句话也说不出来。看到他的恐惧，人群中有人大声地说：“为什么你把我们都关在这里坐以待毙，而让我们的妻子和孩子沦入那些嗜血的野兽手中？既然城市如此混乱，我们如何能逃离他们呢？这些凶残的敌人离我们只有 3 英里了。”然后他们彼此说：“为什么让我们什么也不做，把这座城市变成我们的坟墓呢？我们把财产和奴隶都扔掉，然后离开这里吧，这样也许能够活下来。”帕尔塔瓦要塞的守军和居民就这样从 4 座城门涌出，匆匆逃往山区。波斯总督眼见大势已去，便携带大量财富逃往波斯。

波斯总督离去后，阿尔巴尼亚人不得不依靠自己的力量来拯救自己。主教维罗伊决定暂时接受可萨突厥人的统治，他给波斯国王写信，声称如果同意可萨突厥人的条件，他将说服可萨突厥人支持自己，但是如果不同意，他将会离开国家。在等待波斯国王的回复时，他贿赂可萨使者，拖延时间。但是当使者再次要求他作出选择时，他召集所有的贵族前来，对他们说明了利害关系。大家都决定听从主教的意见，将金银、服装等作为礼物奉献给设。

主教维罗伊与贵族们亲自带着礼物前往可萨突厥的驻地。设只让主教进入自己的帐篷，主教亲吻了地面，把礼物送给了设，并说明了来意。设对他说："为什么你对来见我犹豫不决，以至于我的军队要进入你的国家？既然你已经来了，那么我会下令让我的军队中所有的人回到自己的帐篷，我将不会再进攻你的国家。全军都会服从我的命令。我将以我父亲叶护可汗的生命起誓，无论你请求我做什么事情，我都会答应的。你要命令你所有的领主们回到他们自己的地方，让人们做自己的事情。我将会攻击你周围的国家，我会在你的边界上驻扎我的军队。作为对你的补偿，每一次的攻击我将会付给你双倍的俘虏和牲畜。"

主教站起来赞美设，并恳求道："我和这片土地上的所有人都是您父汗和您的奴隶，请您宽恕您的仆人吧！求您别再攻打我们了，这样我们就会像侍奉萨珊波斯人那样侍奉您和您的父汗。"听到这些话后，设的态度变得温和了，他赐给主教很多食物，并委任主教管理城市。后来在主教的劝说下，设还释放了一些俘虏。

可萨突厥的王子设如愿以偿地统治着阿尔巴尼亚（阿塞拜疆），他的权力增加了，他派遣官员向各种职业的人征收赋税，并根据波斯王国的地籍簿征收土地税。可萨突厥人对这些地方并没有派遣专人管理，只是满足于收取贡赋而已。当设到各地巡视完之后，他很满意自己没有遗漏下任何东西，整个国家都在他的掌握之中。

在稳定了阿尔巴尼亚的局势后，设决定征服亚美尼亚人及其邻居。他挑选了3000名武士，任命一位名叫乔潘（Chorpan）的人为达干（T'arxan，是突厥人的官职，即统领兵马的高级将领，突厥语写作Tarqan，可萨突厥人此时是西突厥汗国的属部，采用的都是西突厥的官职，后来可萨突厥独立后仍然沿用突厥汗国的官制），命令其率领着这些武士作为前锋先行，一路为他打探有关波斯人的消息。

重新整顿了军队后，设在亚美尼亚与乔潘达干汇合。达干向他汇报，波斯将军萨赫尔巴拉兹也在亚美尼亚活动。628 年萨珊波斯陷入内乱后，大将萨赫尔巴拉兹不满于卡瓦德的统治，试图自立为王，于是出走亚美尼亚。当他得知可萨突厥的军队正向亚美尼亚推进时，便命人率领一支 1 万人的军队前去消灭可萨突厥人。

设得知波斯人的动向后，埋伏起来，准备伏击波斯军队。设只派出了一半的兵力去引诱敌人，两军交战后，可萨突厥人迅速逃跑，把波斯人引入包围圈，很快可萨突厥的军队就从两翼包抄而来，在塞凡湖边包围了波斯军队。经过一场激战后，1 万波斯军队全军覆没，不得不退出亚美尼亚。可萨突厥人占领了亚美尼亚部分领土，基本与拜占庭人瓜分了波斯人过去所占领的外高加索的领地。

可萨突厥人攻击波斯一事在我国史料《旧唐书》中也有反映。《旧唐书·波斯传》记载，隋炀帝统治后期，西突厥的统叶护可汗多次击破波斯军队。波斯国王库萨和为西突厥所杀，他的儿子施利继位为王。统叶护可汗其实并没有参加攻打波斯人的战争，但当时可萨突厥仍然处于西突厥的统治之下，作为属部的可萨突厥参与讨伐波斯的战争并取得胜利，宗主国西突厥汗国自然要往自己脸上贴金，于是就把这一功劳归在当时西突厥的最高统治者统叶护可汗的头上。

西突厥汗国作为一个庞大的游牧政权，统领的区域非常辽阔，但其对这些地区没能实行有效的管理和统治，仅仅满足于征收赋税，因此整个西突厥汗国的统治是相对松散的。统叶护可汗在各地派遣宗室子弟统治的方式也加大了各地诸侯与大汗之间的离心力。同时，西突厥对欧亚草原上的其他游牧部族的控制也较为有限，而且在常年的征战中，大多以这些游牧部族充当炮灰，这势必引起这些部族的不满和反抗。唐贞观元年(627 年)，西突厥治下的葛逻禄部落首先起兵反抗其的统治，这表明，到统叶护可汗统治的末期，盛极一时的西突厥汗国就已经开始走下坡路了。

贞观二年(628 年)，西突厥汗国的内部矛盾更趋激烈，统叶护可汗被自己的伯父莫贺咄杀害，后者自立为大可汗。莫贺咄原本是西突厥汗国的小可汗，他的篡位引起了西突厥诸部的强烈反对，西突厥国内大乱。位于金山一带，臣服西突厥的铁勒薛延陀部首领夷男，率领薛延陀部落7万余家脱离西突厥，东迁漠北。葛逻禄和薛延陀都是西突厥汗国依赖的重要的武装力量，它们的先后反叛，大大削弱了西突厥汗国的实力，从而加剧了西突厥贵族争夺大可汗位置的斗争。

莫贺咄的自立并没有解决，甚至没有缓和西突厥汗国的矛盾，而是使汗国内的各种矛盾进一步激化，从而揭开了西突厥汗国全面内战的序幕。西突厥内部统治氏族的分裂，进一步推动了西域各属国与属部的反抗活动。这时不仅天山以北的铁勒诸部相继起而反叛，而且原来臣属于西突厥政权的西域各国也纷纷脱离了西突厥自立，西突厥汗国不但在军事上失去了铁勒诸部的强援，而且在经济上也丧失了西域诸国的贡赋来源，国力大大衰退。657年，唐朝军队俘虏沙钵略可汗贺鲁，西突厥汗国灭亡。

随着西突厥政权的更替，管理可萨突厥的叶护可汗的地位受到了严重威胁。西突厥汗国的内乱波及可萨突厥地区，很快叶护可汗就给儿子设传去消息："我遇到了强盗，你再也看不见我了，因为我没有巩固好我的位置就轻率地派兵征讨不适合我的国家。我的骄傲导致我从高贵的位置上跌落。不要停止你现在进行的攻击，但是尽力从那些人中逃脱，因为他们如果听说了我发生的事情后，会对你不利的。我会失去你，成为无子之人。"显然，统治可萨部的叶护可汗受到西突厥内乱的牵连，无法保证自己在可萨突厥人中的地位。由于叶护是统叶护可汗的弟弟，在统叶护可汗被刺杀后，他很可能也受到威胁，给儿子送去的消息表明此时的他已经失去了原先的地位。不久，叶护可汗的儿子设也从高加索阿尔巴尼亚地区撤离。

可萨突厥人正是利用西突厥汗国的内乱，摆脱了从属地位，开始登上历史舞台。从此，可萨突厥人不再是西突厥的一个属部，而是以一个独立部族的身份迅速在北高加索地区崛起。

1.3 双王制

可萨突厥人在独立之初,面对西突厥汗国治下的众多部落,意识到要让这些部落听从自己的号令,强大的军事力量是一个保证,但是为自己的统治找到一个合理的依托也是非常重要的。为此,可萨突厥人奉阿史那家族的成员为可汗,借西突厥阿史那家族的权威来号令其他部族,这使得可萨突厥汗国出现了一个独特的政治现象——双王制。

依照当时突厥人的传统,阿史那家族被认为具有"神圣的血统"。可萨突厥人推选阿史那氏的后裔做可汗,但是这位可汗却没有任何实权,只是汗国的象征,真正掌握国家权力的是可萨突厥人自己的汗王。在可萨突厥汗国,一直是阿史那氏可汗与可萨突厥汗王并存。双王制是可萨人在独立初始对阿史那突厥作出的妥协和让步,但是后来由于对可汗宗教功能的强化,逐渐演变为固定的制度,成为可萨汗国特有的政治制度。

阿史那氏的可汗被称为大可汗或可汗,可萨突厥汗国选立可汗时一直使用突厥汗国的古老传统。据阿拉伯史料记载,当可萨突厥人想要任命可汗时,他们会把他带来,用一块丝绸紧紧地缠绕住他,直到他快要窒息。然后大臣们问他:你将会统治多长时间? 他回答多少多少年。

阿拉伯史料中有关选立可萨可汗的记载,与《周书·突厥传》中记载的突厥人选汗习俗完全一样。《周书》记载道:突厥人的汗王刚即位时,他的近侍和大臣们把他放在毡子上,抬着绕太阳转9圈。每绕一圈,大臣们都向汗王跪拜。9圈结束后,大臣们把汗王扶到马上,用丝帛使劲勒住他的脖子,一直勒到他难以呼吸,然后才解开。这时大臣们急忙问他:"你能做几年可汗?"这位汗王已经神情狂乱,陷入一种半昏迷状态,难以清醒地说出多少年,只能随口说出一个数字,大臣们就会认为他将来一定能统治这么多年。

可萨突厥选立可汗时让可汗处于迷狂的状态,类似于萨满教中萨满沟通神人之时的那种迷狂恍惚的状态。按照可萨突厥人的宗教观念,可汗只有在迷狂的状态下才能够沟通“神意”,进而把神的旨意借可汗之口说出来。可萨突厥人通过这一古老的礼仪把可汗神化,以便让普通的百姓相信这位可汗的继位是“顺应天意”,只有“神授”的可汗才能得到民众的认可。

可萨突厥汗国的统治者必须扶立一位阿史那氏的可汗,才能让民众安心接受统治。如果真正行使政权的国王没有一位与自己生活在一起的可汗,那么他的权威就等于零,老百姓也很难信服他的统治。

游牧民族对于拥有“纯正血统”的家族一直是十分敬畏的。13 世纪蒙古人征服中亚后,成吉思汗的“黄金家族”就成为中亚的统治者神话中具有神圣血统的家族。到帖木儿统治中亚时期,虽然帖木儿完全独立,是当然的统治者,但是他仍然会尊奉一位成吉思汗“黄金家族”的成员来出任可汗,因为只有这样人们才认为他的统治具有合理性。

可萨突厥汗国的情况与后来帖木儿帝国的情况非常类似。在可萨突厥汗国,这位阿史那氏大可汗存在的意义更多是宗教上的。

在可萨汗国统治者皈依犹太教后,甚至要求从信奉犹太教的阿史那后裔中挑选可汗人选。在可萨突厥首都曾经有一位阿史那氏的年轻人,他已经沦落到以卖面包为生。一天,可萨突厥贵族跑来告诉他,大可汗去世后将由他来继承汗位。这位年轻人此时信奉伊斯兰教,是一位穆斯林,因此贵族们要求他改变信仰,皈依犹太教。

在可萨突厥汗国,可汗只是国家的象征,手中没有任何实权。他被幽禁在内室中,深居简出,既不能骑马,也不能在朝臣和民众前露面。每 4 个月可汗有一次机会出游,其他时间他都生活在自己的嫔妃群中,从不行使政权,也不参与任何国务。可萨突厥的实际统治者专门为可汗建造了一处宫殿,让他与嫔妃们生活在那里。

正因为百姓们相信他的权力是上天赐予的,所以可汗在国家中地位非常高,即便是手握实权的可萨突厥国王在可汗面前也十分谦恭。可萨突厥人的宝座和金帐除了可汗以外,不会为任何人立起。当他们出巡时,可汗的帐篷高于国王的帐篷,而可汗在城市里的房子也比国王的要高。

据伊本·法德兰记载,可萨国王每天都谦恭地晋见大可汗,表现得很谦虚和尊敬。他除非赤脚且手握木块,否则是不会去求见大可汗的。问候大可汗时,他当面点燃木块,等到木块燃尽的时候,他才去到可汗的右边,与他一起坐在宝座上。百姓见到可汗时都要垂下头,向他鞠躬,直到他走过去以后才敢抬头。可汗死后,所有人经过他的坟墓时都要下马,并匍匐在他的墓前,一直要走到离他的坟墓很远的地方才能重新上马。

正因为人们重视的是可汗的宗教功能,所以当国家遇到灾难时,百姓就会质疑可汗存在的合理性,于是他们会采取极端的手段来结束这位可汗的统治,另立新的可汗。

当可萨人备受饥荒之苦或者是遭受其他灾难时,当一场战争变得对他们不利并有利于其敌人时,或是当某一种灾难出其不意地降临到他们头上时,民众和达官显贵们就会成群结队地去晋见国王并呈奏说:"我们没有看到这位可汗会给我们的国家带来任何好处,他的统治仅向我们预示了灾难。因此,请处死他,或者是把他交给我们,让我们杀死他吧。"国王通常不会公开处死可汗,而是命令他自杀,他只能回到自己的家中自尽。但是有时候国王也会把可汗交给愤怒的百姓,让老百姓们杀死他。当然国王有时也会被可汗的可怜遭遇所打动,于是便为他辩护,声称他没有犯下任何过错,不应受到如此的惩处。这时国王就会想一个办法,来转移老百姓的注意力,让他们认为的确不是可汗带来的灾祸。

可汗的命运很难掌握在自己的手中,不但国家有灾祸降临时他们会有生命危险,而且如果他的在位时间过长的话,也会被杀死。如前所述,在举行选立仪式时,处于迷狂状态的可汗会随口说出自己在位的时间,如果在这个时间到来后他还没有死去,百姓和朝臣们就会杀死他,选立新的可汗。这种做法也是汗权神授观念的一个体现,因为人们认为他在神示的日子到来后仍然在位,是对神灵的不尊重,因此要根据神的旨意来结束其统治。

可汗死后会得到非常隆重的安葬,但是没有人知晓埋葬他的坟墓到底在哪里。人们会为他建造一座有20个房间的厅堂,每个房间里挖一座坟墓,石头被粉碎成粉末,撒在坟墓里,然后在上面涂上沥青。在这所建筑物的下面是一条水流湍急的大河。人们把河水引到坟墓上,认为这样做就没有任何魔鬼、人、虫子或爬行动物会来骚扰他了。当他被埋葬后,那些掩埋他的人都会被处死,这样就没有人知道他到底埋在哪间屋子里了。这种为可汗设置多个坟墓的做法在游牧民族中也是常见的。总之,在可萨突厥汗国,可汗的尊崇地位是无人能取代的。

可萨突厥汗国的实际统治者是地位在可汗之下的国王,他是王国的统治者、军队的指挥者和对外事务的决策者。

伊本·鲁斯达把可萨突厥可汗之下的国王(国家的实际统治者)称为Isha,伽迪齐则称为Abshad。二者乃是同名异译,相当于汉文史料中的“设”。“设”在汉文史料中有“杀”、“察”等异译,其职务在《北周书·突厥传》中有明白的注释:“别部领兵者谓之设。”由此可见,设是手握兵权、专制一方的军事首领。

可萨突厥汗国独立前,掌握军事大权的是叶护可汗和他的儿子设。亚美尼亚史料最后一次提到这位设是在630年。这一年,他派遣一位达干率领3000军队伏击波斯万人大军,取得胜利。就在这个关键时刻,传来了他父亲叶护可汗失位的消息,此后再没有关于他的记载。由于他当时手握重兵,可以推测他很有可能返回自己的国家争夺统治权。穆斯林史料中把可萨突厥汗国的实际统治者称为设,似乎和前面的这位王子有一定的关系。或许他回国后夺得统治权,尊某位阿史那突厥人为可汗,自己则保持原来的名号不变,此后“设”就被作为可萨突厥国王的称号了。

可萨突厥汗国的实际统治者在一些穆斯林文献和拜占庭文献中也称为Bäk或Beh。伊斯塔赫里提到,“在可萨突厥人的语言中,国王被称为Bäk或Bāk”。伊本·法德兰记载说:“可萨人的国王称为可汗,他每四个月出来消遣一次。他被称作大可汗,他的副手被称为Beh可汗,正是由这位可汗来统率军队并发号施令的。他掌控并管理国家事务，出席公众场合，率领军队作战。”Bäk 或 Beh 为突厥文 Bäg 的对音。Bäg 在汉文中有很多对译名，如唐代史籍中经常提到的“匐”，元代以后的“别”、“伯”、“卑”、“毕”、“辈”、“别乞”、“孛阔”、“伯克”等等。这一称号被广泛而长久地使用，存在于各个时期，其含义因此而有所变异。不过，总的说来，“伯克”基本上是指一个氏族或一个部落的首领，或者某一政权机构中低于最高首领的所有高级官员的统称。

可萨突厥国王称号的不同体现了不同时代可萨突厥君主名号的变化。其中设应该属于早期的称号，而伯克则属于后期的称号。

可萨突厥国王是军队的最高统帅，他的主要职责之一就是率领军队作战。可萨突厥王室军队由 12000 人组成。这支军队的人数是固定的，当一位士兵死了，另外一个人就补充进来。士兵们没有固定的收入，只是隔很长一段时间发一点微薄的补贴。当有战事或任何骚乱发生时，他们就集合起来，听候国王的调遣。

国王外出时，大约有 2000 骑兵跟随着他。无论行进到哪里，每个骑兵都会随身带上 20 根两腕尺长的柽柳木桩，其中一头削尖。当军队扎营时，他们就绕着营地插满木桩，然后把他们的盾牌挂在木桩上，这样不到一小时，营地周围就围成了一座不能刺穿的墙。如果夜里有敌人想要偷袭的话，他们什么也做不了，因为有这些挂了盾牌的杆子，营地就像堡垒一样坚固。

当有战事时，国王常常亲自出征。随行的除了国王的王室军队之外，还有由权贵们提供的自带武器装备和用具的士兵。可萨突厥军队每次出征都会队列整齐，全副武装，身披铠甲，手持旌旗和长矛。缴获了战利品后，士兵们会把所有的战利品收集在一起，拿到国王的帐篷，由国王挑选他中意的，其余的分发给士兵们。

可萨突厥国王虽然掌握着国家的军政大权，而且在国家处于非常时期时还可以决定可汗的生死，但是他却不能废除可汗制度，而且在礼节上要表现出对可汗的绝对尊重。

2 可萨突厥的崛起

2.1 双雄并立

西突厥汗国陷入内乱之后,原先西突厥的势力范围出现了一个权力真空。北高加索地区以至黑海草原的大片土地陷入到各自为政的混乱之中。原先臣服于西突厥的萨拉古尔人、库提古尔人、翁乌古尔人、可萨突厥人等游牧部族纷纷独立出来,试图确立自己在这一地区的统治地位。

可萨突厥在西突厥统治时期,在西突厥对外高加索的多次战争中积蓄了力量,并从梯夫利斯、阿尔巴尼亚、亚美尼亚等地掠夺了大量的财富。因此在脱离了西突厥汗国的统治后,可萨突厥迅速在高加索地区崛起,并经过一系列的战争,征服了北高加索地区原先臣服西突厥的一些部落,壮大了自己的力量。

与此同时,翁乌古尔人的首领库布拉特(Qubrat)把四分五裂的乌古尔人部落统一起来,建立了一个强大的部落联盟,史称"大保加尔国"(Magna Bulgar)。大保加尔国占据着南俄草原,其势力西接阿瓦尔汗国,东部与可萨突厥人相邻,成为可萨突厥向西扩张的最大威胁。

保加尔的意思是"混合者",即由许多部落融合而形成的新的联合体。保加尔人的部落联盟不但包括了匈人的残余势力,还融合了从4世纪到7世纪不断迁往里海草原的众多乌古尔人部落。

乌古尔是拜占庭史料中记载的一个庞大的部落联盟,其中包括乌古尔、萨拉古尔、翁乌古尔、乌提古尔、库提古尔等许多部落。这些部落名称的后半部分都是乌古尔(ogur):萨拉古尔(Saragur)由 sara 和 ogur 构成,意思是"黄色的乌古尔人";乌提古尔(Utigur)由 utur 和 ogur 构成,意思是“三十姓乌古尔人”;库提古尔(Kutigur)由 kutur 和 ogur 构成,意思是“九姓乌古尔人”;翁乌古尔(Onogur)由 on 和 ogur 构成,意为“十姓乌古尔人”。

5 世纪中期,乌古尔人的迁徙引发了欧亚草原上的民族大融合。在萨比尔人的挤压下,乌古尔人中的萨拉古尔部首先到达了黑海和里海草原。他们征服了居住在这里的阿卡齐尔人,使阿卡齐尔人融入到萨拉古尔人中。然后他们继续向南进军,越过阿兰之门进攻伊伯利亚(西格鲁吉亚)和亚美尼亚。此后不久,萨拉古尔人不再见于拜占庭史料。

取代萨拉古尔人的是乌提古尔人和库提古尔人。这两个部落都是从古老的萨拉古尔部落中分离出来的。库提古尔人当时居住在亚速海西边,而乌提古尔人住在亚速海东边。他们都是彼此有亲缘关系的部落,乌提古尔部落的首领就曾告诉拜占庭皇帝查士丁尼一世说,库提古尔人“不仅说着和我们一样的语言,住在和我们一样的毡房中,穿着和我们一样的服装,与我们一样生活,而且他们是我们的族人”。

为了笼络乌提古尔人和库提古尔人,取得他们在军事上的支持,查士丁尼一世每年给予他们岁贡。530 年,库提古尔人出现在拜占庭攻打意大利的战争中。但是在 557 年左右,库提古尔人又在首领扎贝尔甘(Zabergan)的带领下对拜占庭占领的巴尔干地区发动了严重的攻击,于是查士丁尼皇帝设法求助于乌提古尔人,挑起乌提古尔人和库提古尔人之间的残杀。

560 年左右,阿瓦尔人背叛西突厥人,向南俄草原迁徙,攻打了翁乌古尔人、扎里人(Zali)和萨比尔人,之后一路向西,先后征服了乌提古尔人和库提古尔人。在库提古尔人的劝说下,又征服了斯拉夫人的安塔耶(Antae)部落。到 562 年的时候,阿瓦尔人已经到达多瑙河下游。库提古尔人随阿瓦尔人西迁,并在阿瓦尔军队中发挥重要作用。568 年左右,阿瓦尔可汗伯颜派遣 1 万库提古尔人军队攻打拜占庭,并向拜占庭要求查士丁尼曾经给予乌提古尔人和库提古尔人的岁贡。

留在原地的乌提古尔人后来被西突厥人征服,在拜占庭使者瓦伦丁出使期间,西突厥首领咄陆设围攻博斯普鲁斯城,乌提古尔首领阿纳盖积极配合了突厥人的这次行动,帮助突厥人占领了博斯普鲁斯城。此后,乌提古尔人和库提古尔人渐渐退出历史舞台,不再见于历史记载。显然,这两个乌古尔部落融入其他部落中去了。

翁乌古尔人原先生活的地方和萨比尔人很接近,他们住在高加索北部,黑海东海岸,在库班河地区。翁乌古尔人先后遭到了阿瓦尔人和西突厥的攻击,在很长时期一直处于西突厥汗国和阿瓦尔汗国两大势力的争夺之中。

根据古代保加尔君主名录的记载,库布拉特统治了近 60 年,在位年代在 584 年到 642 年之间。名录还记载他出身于 Dulo 氏族,这个名称与西突厥十箭中的左厢咄陆部的名称很相近,库布拉特很有可能是西突厥咄陆部的人,可能是西突厥汗王派往统治诸乌古尔部落的一个代表。

西突厥势力退出南俄草原后,库布拉特为了积蓄力量,曾一度依附于阿瓦尔汗国,接受阿瓦尔汗王的统治。卧薪尝胆数年后,库布拉特在 635 年起兵反抗阿瓦尔可汗。此时的阿瓦尔汗国四面楚歌,已经无力来干涉南俄草原的事务,只好回到自己的土地上,此后再也没能踏足此地。阿瓦尔的势力退出后,大保加尔国迅速崛起,成为西至喀尔巴阡山,东抵黑海草原的大汗国。

库布拉特为了巩固自己的地位,主动派遣使节晋见希拉克略,希望与拜占庭订立盟约。希拉克略对待拜占庭周边游牧民族的策略就是“以夷制夷”,此时大保加尔人公开对抗阿瓦尔人,对拜占庭来说正是一个牵制阿瓦尔汗国的绝好机会,于是他欣然同意结盟,不但给库布拉特送去厚礼,而且还赐给他拜占庭贵族的头衔。库布拉特还接受了基督教的洗礼,并称希拉克略为教父。

在库布拉特统治时期,可萨突厥人并没能顺利向西扩张,大保加尔国紧紧团结在汗王的旗下,给可萨突厥人造成了巨大的威胁。由于库布拉特杰出的外交才能,大保加尔国与拜占庭一直保持着密切的联系,终其一生,库布拉特都没有背弃与拜占庭的盟约,而这个盟约也在一定程度上限制了可萨突厥人的扩张。

2.2 可萨突厥的西进

可萨突厥人完成了北高加索的统一后，所面临的最大挑战就来自于大保加尔国。9 世纪时可萨突厥国王约瑟夫给西班牙大臣沙普鲁写的信中就曾提到，可萨突厥在建国之初面临的最大威胁就是大保加尔人，信中写道："我现在居住的地方以前住的是翁乌古尔人。我们的祖先与他们作战，翁乌古尔人的数量比我们多得多，他们就像海中的沙砾那么多。"翁乌古尔人就是大保加尔国的主体，在这里约瑟夫国王指的就是大保加尔人，由此可见当时大保加尔人的强大。

生活在库班河与亚速海之间的大保加尔国是可萨向黑海草原扩张的巨大障碍，二者之间的争夺在所难免。约瑟夫的信中接着写道："虽然他们很强大，但是终究抵挡不住可萨突厥人的进攻，他们逃离了自己的国家。"

大保加尔国的局势随着库布拉特的去世发生了巨大的变化。临终前库布拉特似乎感受到自己开创的国家即将面临的危险，在弥留之际他叮嘱 5 个儿子一定要维护汗国领土的完整，不要各自为政，更不能自相残杀。库布拉特在 650 年前后去世，可萨突厥人抓住了这一良机，向大保加尔国发动猛烈攻击，迅速向西扩张。

面对可萨突厥汗国强大的攻势，库布拉特的 5 个儿子作出了各自不同的选择。

长子巴彦(Baian)遵照父亲的遗命，决心守卫住国土，他选择留在了祖先们生活的土地上。

次子科特拉格斯(Kotragos)越过顿河，迁徙到了顿河以西的地区。

三子阿斯帕鲁奇(Asparouch)则率领着自己的部属越过第聂伯河和德聂斯特河，到达多瑙河流域的奥格罗斯(Oglos)。

四子和五子都越过多瑙河，选择了不同的主人。四子臣服于阿瓦尔汗国，居住在潘诺尼亚地区；五子效忠于拜占庭帝国，定居在拉文那附近的彭塔波利斯(Pentapolis)。

对于游牧的大保加尔人来说,迁徙是再平常不过的事情。很多时候,迁徙带来的是新的机遇,看似被动的迁徙也有可能促成主动的扩张。由可萨突厥的扩张所引发的大保加尔人的迁徙深刻影响了南俄草原乃至巴尔干地区的民族格局,给这些地区的历史发展带来了新的可能。

阿斯帕鲁奇率领着保加尔人逐渐征服了多瑙河附近的斯拉夫人"七部落",并于670年左右形成了从多瑙河到黑海的一个斯拉夫—保加尔人联盟。

680年,阿斯帕鲁奇率众打败君士坦丁四世(668—685在位)率领的拜占庭军队;次年,即681年,拜占庭被迫与保加尔人签订条约,允许保加尔人居住在拜占庭之多瑙河以南、巴尔干山脉以北地区,正式承认保加尔人—斯拉夫人国家的存在,史称多瑙河保加尔汗国,也称为第一保加利亚王国(681—1018年),先定都在瓦尔纳(Varna),后来迁到普里斯拉夫(Preslav)。此后300年间,保加利亚是一个强大的独立帝国,其势力足以与拜占庭抗衡。

9世纪初,保加尔汗国国势强盛,可汗克鲁姆(Krum)先与法兰克王国的查理曼大帝结盟,联手灭掉了残存的阿瓦尔汗国(803年);后来又大败拜占庭军队(811年),杀死其皇帝尼基弗鲁斯(Nicephorus),并按游牧的保加尔人风俗,揭下皇帝的头盖骨,以银镶边,作为酒杯。拜占庭被迫割地求和,保加尔人之势力遂逐渐进入多瑙河以南地区。

迁徙到多瑙河下游的保加尔人在最初的两个世纪中一直保持着自己的语言和文化,但是保加尔汗王鲍里斯一世(Boris I,852—889年在位)执政时期,于864年改称大公,865年接受拜占庭国教东正教,从此东正教成为保加利亚王国的国教。

宗教信仰的改变也带来了文化上的融合。斯拉夫贵族开始超越保加尔贵族成为保加尔王国的中坚力量,斯拉夫语和斯拉夫文化成为主导,多瑙河保加尔人走上了斯拉夫化的道路,此后通常被称为"保加利亚人"(Bulgaria)。最终,征服民族保加尔人为被征服民族斯拉夫人所同化。“保加利亚人”这一名称则一直沿用下来,不过其含义不是指原先的保加尔人,而是指融合了保加尔人和众多斯拉夫人的新的民族。

保加利亚国王西美昂一世(Symeon I,893—927 年在位)执政时期,第一保加利亚王国的扩张达到顶点,国土包括今保加利亚、塞尔维亚、阿尔巴尼亚、希腊北部和罗马尼亚南部地区。西美昂一世去世后,第一保加利亚王国的国势急转直下,诸侯分裂割据,很多地区沦为拜占庭的“保护区”。1018 年,第一保加利亚王国灭亡,完全并入拜占庭帝国,拜占庭人允许保加利亚人自治。

此后,保加利亚人掀起了一次又一次的独立运动,终于迫使拜占庭于 1187 年承认其独立,保加利亚第二帝国(1185—1396 年)从此建立。14 世纪后期奥斯曼土耳其崛起后,保加利亚失去独立,沦为奥斯曼帝国的一个行省。19 世纪后期,在瓦西尔·列夫斯基的领导下,保加利亚的独立运动兴起。1878 年俄土战争后,在俄罗斯人的支持下,保加利亚独立,成立保加利亚王国;1946 年,废除君主制,成立保加利亚人民共和国;东欧剧变后,1990 年正式改名为保加利亚共和国。

那些追随库布拉特四子的保加尔人逃到了阿瓦尔汗国,在阿瓦尔汗国的政治生活中起到了积极的作用,成为阿瓦尔汗国中一支不容忽视的力量。685 年,阿瓦尔汗国的一个保加尔高级军官库贝尔(Kuber)率领他的部落进入巴尔干地区,定居在马其顿。在阿瓦尔汗国的潘诺尼亚地区生活的保加尔人还参与了 803 年保加尔汗王克鲁姆攻击阿瓦尔人的战争,最终导致了阿瓦尔汗国的灭亡。这些保加尔人后来都归属保加利亚王国,融合形成了保加利亚人。

库布拉特的长子巴彦选择留在原地,结果沦为可萨突厥汗国的属民,不得不向可萨突厥称臣纳贡。跟随库布拉特次子科特拉格斯迁徙到顿河西边的保加尔人通常被称为“黑保加尔人”或“内保加尔人”,后来也被可萨突厥人征服。

还有大量保加尔人沿着伏尔加河北上,在伏尔加河与卡马河的交汇口建立了保加尔城(Bulgar)。新来的保加尔人统治了当地操芬兰—乌戈尔语的各部落,开创了伏尔加保加尔国。伏尔加河原来的名称是阿得水(Adel)或伊提尔河(Itil)、亦的勒河,直到蒙古人13世纪西征时仍然称作亦的勒河。后来之所以被称为伏尔加河,就是因为保加尔人长期生活在这里。伏尔加(Volga)和保加尔(Bulgar)中的b和v的读音可以互转,其实是同一个词,伏尔加河的意思就是"保加尔河"。

伏尔加保加尔国不久就遭到可萨突厥汗国的进攻,迫于对方强大的攻势,伏尔加保加尔人不得不宣布臣服于可萨突厥人。每年每户保加尔人都必须向可萨突厥交纳一张貂皮作为贡赋。为了表示自己臣服于可萨突厥人,保加尔国王还必须把儿子送到可萨汗国去充当人质,甚至还常常被逼献出自己的女儿去和亲。

可萨突厥人对伏尔加保加尔人的统治引起了后者的不满,但是迫于可萨汗国的强大,在很长的一段时期内,他们不得不忍气吞声。为了寻求对抗可萨突厥人的力量,伏尔加保加尔人主动与阿拉伯帝国接触,希望以此牵制可萨突厥人。在长期与阿拉伯人的商业贸易往来中,保加尔人逐渐接受了伊斯兰教。至少在9世纪末期,保加尔王室成员都是穆斯林了。保加尔人之所以选择伊斯兰教,就是想与可萨突厥的犹太教相抗衡。

10世纪初,保加尔汗王主动向阿拉伯帝国派出使者,希望阿拉伯人帮助他们修建堡垒以抵抗可萨突厥人。921年,阿拉伯帝国哈里发穆克台迪尔派出使者伊本·法德兰前往保加尔汗国。使团一行从巴格达出发,经花剌子模,穿越咸海西北草原,越过乌拉尔河,最终到达伏尔加保加尔国。伊本·法德兰出使之后,写下了《伊本·法德兰游记》,为我们留下了非常珍贵的有关保加尔人和可萨突厥人的记载。

阿拉伯人最终帮助保加尔人修建了一座炮台和一座清真寺,还留下了熟悉伊斯兰教法的法官和宗教教师,以便在保加尔国内更好地宣传伊斯兰教。虽然保加尔王室皈依了伊斯兰教,但是保加尔国内并不是所有的人都信仰伊斯兰教。根据伊本·法德兰的记载,苏瓦尔人(Suwar)和斯拉夫人不是穆斯林,他们保持着自己原始的宗教信仰。

保加尔人控制的伏尔加河中游,正是当时连接北方森林地带与可萨突厥汗国、阿拉伯帝国以及中亚地区的重要贸易通道,北方的黑貂皮、银鼠皮、花鼬皮、狐皮、貂皮、海狸皮等毛皮，以及石蜡、蜂蜜、鱼胶、海狸胶、桦树皮等特产都是通过保加尔人的领地，经由伏尔加河运往各地的。当时很多商船从伏尔加河下游的可萨突厥汗国航行到保加尔国，保加尔国王骑马出去，对所装货物收取1/10的关税。依靠过境贸易收取的关税，伏尔加保加尔国王积累了大量财富，首都保加尔城也迅速发展起来。尤其是10世纪末期可萨突厥汗国覆亡后，保加尔国的经济地位迅速提升。

伏尔加保加尔人的国家一直存在到蒙古入侵时。1223年9月，成吉思汗的将军速不台入侵保加尔汗国，在萨马拉附近的河滨打败保加尔人的军队。不久，蒙古人退去。1236年春，蒙古军队对保加尔城发动猛攻，最终攻破保加尔城，大加屠杀，然后焚毁了这座城市。保加尔汗国灭亡，从此并入蒙古的钦察汗国（也称为金帐汗国）。1430年起，保加尔人的领地成为喀山汗国的一部分。

伏尔加保加尔国的居民后来与蒙古人、钦察人（克普恰克人）、古斯人相融合，一部分信仰伊斯兰教的民族后来逐渐形成为塔塔尔族，主要生活在今天俄罗斯的喀山塔塔尔共和国；还有一些保留自己原始信仰的民族，比如苏瓦尔人，逐渐融合成为今天俄罗斯的楚瓦什人。

可萨突厥人向西方的扩张导致了大保加尔国的解体，迫使保加尔人向四处迁徙，加速了说乌古尔突厥语的诸保加尔部落与斯拉夫各部落及乌戈尔各部落之间的融合，打破了中世纪南俄草原上的民族格局，在中世纪民族史上影响深远。

对大保加尔国的胜利，使可萨突厥扫清了西扩的最大障碍，成为黑海—里海草原强大的霸主，其势力范围迅速扩展到亚速海周围地区，为进一步向西方扩张奠定了基础。

3 高加索的百年争战

高加索山脉自西北向东南横贯于黑海和里海之间，主轴分水岭为南欧和西亚的分界线。该山脉从黑海北部的塔曼半岛向东南延伸到里海的阿普歇伦半岛，长约 1200 多公里，山势陡峻，海拔大都在 3000—4000 米。

高加索一词不仅指山脉本身，而且包括山脉两侧的广大地区，北侧称前高加索，南侧称外高加索，整个地区占地面积为 44 万平方公里。前高加索（亦称北高加索）位于今俄罗斯境内西南部。从地理划分上讲，这一地区包括大高加索山脉北坡大部地区及山脉的西端；从行政区域上讲，它包括俄罗斯联邦克拉斯诺达尔边疆区和斯塔夫罗波尔边疆区，以及俄罗斯的车臣共和国、印古什共和国、达吉斯坦共和国、卡巴尔达—巴尔卡尔共和国和北奥塞梯共和国等。外高加索（亦称南高加索）是今天格鲁吉亚、阿塞拜疆和亚美尼亚三国所在的地理区域。

在历史上，外高加索地区主要包括伊伯利亚、亚美尼亚和阿尔巴尼亚三个地区。伊伯利亚位于外高加索西部，大致相当于今天的格鲁吉亚，“伊伯利亚”是拜占庭人对这一地区的称呼。希腊和拉丁文献中通常把库拉河（Kur）和阿拉克斯河（Araxes）下游，位于伊伯利亚和里海之间的平原地区称为阿尔巴尼亚，大致相当于今天的阿塞拜疆。由于阿尔巴尼亚人生活在开阔的平原上，所以时常被邻近的其他民族攻击，曾经臣服于波斯人和亚美尼亚人。阿拉伯帝国崛起后，阿尔巴尼亚成为阿拉伯的属国。阿尔巴尼亚是高加索北部的匈人和可萨突厥人入侵外高加索地区的第一站，因此可萨与阿拉伯的战争多发生在这里。

外高加索地区由于特殊的地理位置，往往成为几大政治力量角逐的战场。早在西突厥统治时期，西突厥人的势力已达北高加索地区，北高加索匈人、可萨突厥人、乌古尔诸部均被迫臣服于西突厥。此外，在高加索地区还存在着两大势力——拜占庭和萨珊波斯，二者在这一地区的争战由来已久。拜占庭一直试图保住自己在外高加索地区的利益并染指小亚细亚的事务；萨珊波斯作为西亚最有影响的政治势力，经过南征北战，也大致确立了自己的地位，外高加索地区对于它来说至关重要，既是护卫波斯北部边境的重要屏障，也是牵制拜占庭人的重要地区。面对来自多方的攻击，外高加索的小国不得不周旋于各个政治势力中，经常被迫同时给多个政权交纳贡赋，以确保自己的安全。

高加索山脉是欧亚大陆的分水岭，虽然这里耸立着高大巍峨的山脉，但是却存在一些关隘。这些关隘成为连接和沟通欧洲和亚洲西部地区的重要孔道，也因此成为兵家必争之地。著名的关隘有达里亚尔、打耳班等地。

达里亚尔在高加索中部地区，位于打耳班西部，也被称为阿兰之门，主要得名于生活在这里的阿兰人。位于里海西岸的打耳班也称为里海之门，亚美尼亚语称为啜（Chor）之门。这里自古就是联结南北高加索的重要关卡。根据波斯史料的记载，波斯国王库思老一世为了抵御可萨突厥人的南下，在海滨修建了坚固的城墙，并派重兵把守。除了军事工程的修建外，萨珊波斯还通过组织已经归顺的当地部落以及迁徙大量老百姓（主要是里海附近省区的百姓）到附近地区的做法来努力加强北部边疆的防务。

在古达玛的《税册》中记载了库思老修建打耳班要塞的经过。当库思老对可萨突厥人的敌意感到担心时，便写信给他们的国王，与之言和，以使两国能团结。为此，他表示愿意娶可萨国王的女儿，可萨国王也表示愿意成为他的女婿。可萨人把一位公主嫁给了库思老，库思老则将妻妾们收养的一个义女送到可萨突厥人那里，双方在一个叫白尔舍利雅（Barshaliyah）的地方聚会，接连数天举行酒宴。结婚的双方都有国王的侍从陪伴着，以此表示他的孝敬和尊崇。

不久，库思老与亲信密谋，派兵消灭了可萨突厥人的一支军队，用火烧了他们的营帐。事发后，可萨国王向波斯国王抱怨，库思老否认自己知道此事的发生。又过了几天，库思老命令其部下对可萨突厥的军队进行攻击。事发后,可萨国王对对方的行为表示不满,库思老又安慰他,表示抱歉,可萨国王接受了,安定下来。

后来,波斯国王又命人去烧自己军队的某驻地,烧的是一些用干草和树枝搭成的棚舍。事发后,他理直气壮地向可萨国王发脾气说:“你的部下几乎把我的军队消灭光了,你对我存有敌意。”可萨国王向他发誓说,根本不知道发生的事。于是,库思老说:“喂,我的兄弟!你我的军队对我们中断原先存在的战争而缔结的和约都表示不满。我无法保证在我们和好后,他们不做出损伤我们的事,从而使我们在友好、通婚之后复生敌意。因此,请您允许我在我们两国之间修筑一堵墙,并让它有一座门。除非经过准许,您的人不能进入到我的国境里。”可萨国王答应了他,就回国去了。

于是库思老着手筑墙,这堵墙从海边建起,用岩石和铅作材料,使山地上的墙厚达300腕尺。他下令用海船运来岩石,又将岩石投入海水里,直至岩石积累得高出水面,然后在这些岩石上进行建筑。当墙建成后,又在其入口处悬吊着一些铁制的门,并派100名骑兵在每扇门处进行守卫,还在上面安置了攻城的移动堡垒,加强了里海之门的防务。

波斯人修建的坚固堡垒常常难以抵挡可萨突厥人的进攻。可萨突厥人占领着北部高加索地区,为了扩张领土,早在萨珊波斯时期,可萨突厥人就一直攻打波斯在外高加索的领地。627年可萨突厥人与拜占庭人联合击败波斯人后,又占领了大片波斯人在外高加索的领地,开始向这些地区征收赋税。虽然可萨突厥人后来因为国内政局的变化撤出了这一地区,但是却从未停止过在高加索的扩张。

7世纪中叶以后,可萨汗国已经成了北高加索和伏尔加河下游三角洲的一个重要的国家。新兴的可萨汗国不断地开疆拓土,在高加索地区遭遇到了同样处于上升时期的阿拉伯帝国,双方展开了激烈的较量。可萨突厥人强大而有组织的抵抗给阿拉伯人向高加索以北地区的入侵带来了巨大的困难,他们无力再进一步推进征服战争。阿拉伯人夺取了原先属于波斯人的外高加索领地后,多次试图越过高加索山脉,入侵可萨突厥人的国土,虽然有时赢得了胜利,但始终没能在高加索山脉以北地区站稳脚跟,永久性地占领这里。同样,可萨突厥人多次通过打耳班或达里亚尔通道入侵阿拉伯在阿塞拜疆和亚美尼亚的领地,虽然其间也取得了一些胜利,掠夺了大量财富,但是却无法把自己的势力扩展到外高加索地区。可萨突厥人与穆斯林军队在高加索地区进行了长达100多年的战争,最终以高加索山脉这一天然屏障为界,大致确立了双方的势力范围。

3.1 交锋高加索

可萨突厥人在627年左右与拜占庭联合攻打波斯后,迫使波斯把格鲁吉亚和阿塞拜疆地区割让给可萨突厥人,可萨突厥人开始向当地居民征收赋税。为了开疆扩土,在630年前后又把矛头指向亚美尼亚,试图从波斯手中夺走这一地区。这一年,可萨王子设派遣啜尔潘达干(Tchorpan-Tharkhan)将军率领3000军队在塞凡湖边伏击波斯的万人军队,获得巨大胜利。但是很快就传来内乱的消息,于是可萨大军完全撤出外高加索。

可萨突厥人独立后面临着许多问题,比起向南方扩张,获得国内的稳定是更重要的事情。刚摆脱西突厥汗国的控制的可萨突厥人为了确立自己的地位,忙于征服原先臣服于西突厥汗国的北高加索各部落,顾不上向高加索南部扩张。因此,打耳班地区在可萨突厥人撤出后很快又落入波斯人之手。

在可萨突厥与拜占庭联合打败波斯帝国期间,穆罕默德正在奠定阿拉伯世界政治和宗教统一的基础。他去世几年后,阿拉伯人就开始了军事大扩张,两个紧邻阿拉伯的帝国——波斯和拜占庭受到了巨大的冲击。

波斯人和拜占庭人之间多年的战争使他们两败俱伤,这在某种程度上为阿拉伯人的征服铺平了道路。拜占庭人和可萨突厥人胜利后,波斯帝国陷入一派混乱局面,王位不断更替,曾经辉煌一时的萨珊波斯很快就被阿拉伯人灭亡了。阿拉伯人又开始进军拜占庭人的领土,在636年8月20日著名的雅穆克战役中,阿拉伯人彻底击溃拜占庭军队,最终征服了叙利亚,此后的伍麦叶王朝就是以叙利亚的大马士革为中心建立起来的。拜占庭帝国的美索不达米亚地区也于639—640年被阿拉伯人占领。接着阿拉伯人又乘势北上,进攻亚美尼亚地区,于640年10月夺取了大亚美尼亚的德温要塞。这样,阿拉伯人的势力就进入了外高加索地区。

642年,阿拉伯人开始进入打耳班地区。随着波斯帝国的土崩瓦解,一些手握兵权的波斯将领纷纷占领原先属于波斯帝国的土地,这时统治打耳班的是一位名叫萨赫尔巴拉兹的波斯将军。面对阿拉伯人强大的攻势,这位将军选择主动投靠阿拉伯人。

萨赫尔巴拉兹写信给穆斯林将领阿布都·拉合曼,请求得到阿拉伯人的保护,并希望能免除向穆斯林缴纳的人头税。阿拉伯人最后决定免除参加穆斯林军队的波斯士兵的人头税,而这也成为此后阿拉伯人对待被征服地区人民的一个惯例。这样,阿拉伯人轻易地获取了打耳班这个通往北部高加索地区的重要关隘。

阿拉伯人在夺取了打耳班后开始了对可萨突厥的第一次进攻。可萨突厥人此时的首都在巴兰亚尔(Banlanjar)。巴兰亚尔大致在今天俄罗斯达吉斯坦共和国北部的苏拉克河(Sulak River)附近,是可萨突厥南部的重要城市。这个城市的主城大致有16000平方米,文化较为发达,大量的陶器、金银器以及铁器都在这里出土。

巴兰亚尔是可萨突厥汗国早期的政治文化中心,可萨突厥人以此为基地向南部扩张,因此这里也是距离打耳班最近的城市之一。在阿拉伯人占领了打耳班之后,这里也就成了阿拉伯人攻击的第一个目标。

642年,阿拉伯军队第一次发起了对巴兰亚尔的进攻,可萨突厥人此时忙于在黑海草原地区进行战斗,无法投入太多兵力与阿拉伯人作战,因此阿拉伯人的进攻基本没有遭到太激烈的抵抗,也几乎没有什么损失。

异常顺利的入侵使阿拉伯军队甚至深入到更北边的距离巴兰亚尔200法尔萨赫的拜义达(al-Baydā')城。法尔萨赫是穆斯林史料中的路程单位,1 法尔萨赫大致相当于 6.24 公里。拜义达是阿拉伯人早期对可萨突厥人位于伏尔加河下游的城市阿得尔的称呼,这里后来成为了可萨突厥的首都。不过,阿拉伯人对可萨突厥人的进攻没有一直持续下去,很快就撤回了打耳班。在 642 年到 652 年间,阿拉伯军队主要投入重兵解决外高加索的亚美尼亚和阿塞拜疆事务,对于高加索北部地区暂时还无暇顾及。

642 年顺利的进攻给阿拉伯人制造了一个假象,即可萨突厥人并不十分骁勇。在解决了外高加索事务后,阿拉伯将军阿布都·拉合曼决定再次出征可萨突厥。

652 年,拉合曼不顾奥斯曼哈里发不许他冒险进攻的命令,率领一支强大的军队再次对巴兰亚尔发起攻击。此时的可萨突厥人已经修建了许多防御工事,而且增强了巴兰亚尔的武器装备,在城中安置了投石器。

可萨突厥人坚固的城防使阿拉伯人的围攻异常艰难。经过几天的围攻,阿拉伯军队人困马乏。城内的可萨突厥军队适时地进行了一次大的突围,正好援兵又及时赶到,与城内的军队里应外合,对阿拉伯军队联合夹击,取得了巨大的胜利。4000 人的穆斯林军队被歼灭,主帅阿布都·拉合曼战死,少量幸存者逃回到打耳班。阿布都·拉合曼的尸体没能被带回打耳班,而是被可萨突厥人带走,放在了一个合适的容器里保存起来。因为按照可萨突厥人的习俗,战败的敌军将领的尸体具有特殊的功效,在干旱时可以用来祈雨,在战争时也可以用来祈求胜利。

可萨突厥人成功击退阿拉伯人对巴兰亚尔的围攻,标志着双方战争的第一阶段结束了。656 年,奥斯曼哈里发被刺身亡,阿拉伯哈里发国家从此陷入了阿里和穆阿威叶争夺哈里发位置的内乱中。阿拉伯人此时难以出动军队干涉北高加索的事务,于是可萨突厥人暂时获得了和平。双方在高加索前线地区的和平局面有几乎 30 年的时间没有被打破。可萨突厥人在这个间歇时期致力于征服保加尔人,并向黑海草原西部及克里米亚地区进行扩张,巩固了自己的地位。

3.2 伍麦叶王朝的辉煌战果

在叙利亚的大马士革自立为哈里发的穆阿威叶与穆罕默德的女婿阿里之间争夺哈里发位置的斗争,最终以661年阿里被刺杀而结束,伍麦叶王朝由此开始。

长达5年(656—661年)的内乱使伍麦叶王朝在建立初始被迫与拜占庭人谋求和平。早在659年,穆阿威叶就与拜占庭人订立了和约,答应向拜占庭人缴纳贡金。

阿拉伯人对亚美尼亚的控制也发生了变化,亚美尼亚当地最显赫的大家族纷纷恢复了与拜占庭人的友好关系。阿拉伯国内的动荡局面持续了很长时间,直到685年,哈里发阿布都勒·麦立克(685—705年在位)为了稳定国内局势,还与拜占庭皇帝查士丁尼二世签订新的和约。阿拉伯人不但增加了允诺支付给君士坦丁四世的年贡,而且还愿意与拜占庭人平分亚美尼亚和伊伯利亚的税收。

可萨突厥人也乘势进攻外高加索地区。打耳班要塞在652年落入了可萨突厥人手中,此后可萨突厥人多次从打耳班入侵外高加索地区。661—662年,可萨突厥人入侵阿尔巴尼亚,试图劫掠当地人,遭到国王朱安瑟(Juanser)的顽强抵抗,被迫从打耳班返回。663—664年,可萨突厥人的属部高加索匈人进攻阿尔巴尼亚,朱安瑟与之签订和约,并把女儿嫁给了匈人的首领。

685年,可萨突厥人袭击了格鲁吉亚、亚美尼亚北部和高加索阿尔巴尼亚。当地居民顽强抵抗,却无力阻挡,格鲁吉亚和亚美尼亚的领主最后死于战斗中。

可萨突厥人的这几次入侵并没有试图占领高加索南部地区,只是劫掠而已,往往俘虏了大量人口后就重新返回北方。可萨突厥人的入侵给了拜占庭皇帝查士丁尼二世一个绝好的机会,他单方面撕毁与阿拉伯人签订的条约,乘机入侵亚美尼亚、伊伯利亚和阿尔巴尼亚地区,企图独吞贡赋。

可萨突厥人对外高加索的几次进攻都没有遭到阿拉伯人的抵抗，足见当时阿拉伯人对该地的控制是十分不力的。在从苏莱曼执政的715年到叶齐德二世去世的724年的10年间，阿拉伯人在亚美尼亚前后任命了5位总督，这足可看出外高加索事务的棘手。可萨突厥人正是在这一时期加紧了对阿拉伯控制的外高加索地区的进攻。

欧麦尔哈里发(717—720年在位)统治的第一年，即717年，可萨突厥人对阿拉伯人主动发起进攻，入侵阿塞拜疆地区，许多穆斯林被杀死。哈里发派出哈提木·伊本·努曼前去应战，虽然最终击退了入侵者，但是阿拉伯军队损失惨重，哈提木只带着50个可萨俘虏回到了哈里发身边。

722—723年，可萨突厥人出动3万大军入侵亚美尼亚，与穆斯林军队展开大战。最终可萨突厥军队凭借强大的骑兵优势赢得了胜利，穆斯林在亚美尼亚的阵地落入了可萨突厥人之手。

被打败的阿拉伯军队逃回大马士革，哈里发叶齐德二世(720—724年在位)非常生气，责备了领兵的将军，这位将军回答道："信仰的守护者、伟大的哈里发，我没有像懦夫一样作战，也没有一遇到敌人就逃跑。敌人马粘着马，人粘着人。我用长矛刺向他们，直到他们被分开，我用剑砍向他们，直到他们裂开。但是真主这样安排了，我也无能为力。"

可萨突厥人在高加索地区对阿拉伯人的威胁是巨大的，阿拉伯军队撤退后，可萨突厥军队又集中大量兵力深入占领了阿拉伯人无法保全的领土。

就在阿拉伯人节节败退的紧要关头，贾拉合被紧急任命为亚美尼亚的总督，奉命把可萨突厥人赶回他们自己的土地。贾拉合的出现才使阿拉伯人在对可萨突厥的战争中反败为胜。

当可萨突厥人得知贾拉合率领大军前来讨伐他们时，就迅速撤出已占领的土地，退回到打耳班。贾拉合不久率军越过库尔河，驻扎在离打耳班不远的地方。他用计攻占了打耳班，向北高加索挺进，可萨突厥军队在可汗的儿子巴尔吉克(Bārjīk)的指挥下，与穆斯林展开激战，结果可萨突厥人大败,许多人战死。

贾拉合继续行军,可萨突厥南部的两座城市也相继陷落,巴兰亚尔城再次面临被穆斯林军队入侵的威胁。虽然此时可萨突厥的首都已经从巴兰亚尔迁往更北边的萨曼达尔了,但是巴兰亚尔城仍然是可萨突厥汗国南部最重要的城市,可萨突厥人在这里派驻了大量的军队。

652 年阿拉伯人曾在围攻巴兰亚尔时遭到惨败,但是历史并没有重演,这次可萨突厥人终因敌不住阿拉伯人的强大进攻而被迫放弃了巴兰亚尔城。在巴兰亚尔陷落后,据说贾拉合把许多可萨突厥人淹死在巴兰亚尔河里,还有很多人沦为俘虏。巴兰亚尔附近的许多要塞也被取缔,大部分老百姓都向北迁徙了。

巴兰亚尔的陷落给可萨突厥汗国带来了巨大的损失,可萨突厥人不但失去了大量的人口,而且巨额财富也落入了阿拉伯人之手。根据史料记载,跟随贾拉合出征的 3 万阿拉伯骑兵,每人都分到了 300 个金币。

巴兰亚尔的沦陷使可萨突厥军队士气低落,当贾拉合的大军从巴兰亚尔向瓦班达尔(Wabandar)要塞进军时,虽然这里有很多人驻守,但是他们却无心恋战,最终向阿拉伯人投降并缴纳赔款。

占领了瓦班达尔城后,贾拉合决定直取可萨汗国的都城萨曼达尔。几座城市的相继沦陷,使可萨突厥可汗加大了派驻萨曼达尔的守军。贾拉合的大军行进到这座城市附近后,打听到在他们之前已经有一支庞大的可萨突厥军队驻守在这里了,于是不敢贸然进攻,最后全军撤退。这样,萨曼达尔在可萨突厥大军的威慑力下保全了下来。

贾拉合的军队撤退后,打耳班又回到了可萨突厥人手中。阿拉伯人无法从打耳班进攻,只好另外开辟通道,从梯夫利斯出发,经过达里亚尔,通过阿兰人的国家进入可萨的领地。在接下来的几次对可萨突厥的进攻中,贾拉合都是通过阿兰之门——达里亚尔来深入可萨突厥地区的。

可萨突厥人与阿拉伯人的冲突大多发生在阿兰人的地区,双方的拉锯战给阿兰人带来了巨大的灾难,阿兰人夹在两大势力之间,左右摇摆。贾拉合于725年占领了阿兰人的国家并迫使阿兰人交纳人头税;但是,马斯拉马赫727年经过阿兰通道入侵可萨突厥时,可萨突厥人又已经占领了那里并臣服了阿兰人。不过,可萨突厥人与阿拉伯人之间没有太大的战争,直到730年阿拉伯人遭遇到最大的一次失败。

730年,可萨突厥王子巴尔吉克率领30万人从达里亚尔通道蜂拥而至,他们兵分几路,沿途攻占了一些阿拉伯人占领的城市,贾拉合不得不迅速派遣几支纵队前往被围困的城市解围。

可萨突厥人从格鲁吉亚的统治者那里得到消息,知道贾拉合大军驻守在阿尔达比勒,于是并没有急于进攻这里,而是对卧尔珊(Warathān)进行了包围。贾拉合亲率大军前往卧尔珊与可萨突厥人作战,但是却没能解围,只好退回到阿尔达比勒。

阿拉伯军队的失利使可萨突厥大军迅速向南进军,集结在阿尔达比勒附近,双方在马尔基—阿尔达比勒平原上展开决战。经过三天的激战,阿拉伯军队大败,主帅贾拉合战死,可萨突厥人取得了彻底的胜利,获得了大量的战利品,但是由于穆斯林士兵大多战死,所以俘虏很少。阿尔达比勒城迅速遭到攻击,虽然城内的守军没有马上投降,但是很快就被可萨突厥人攻占了。据说城中的成年男子都被杀死,妇女和孩子则被带走,主帅贾拉合的妻儿也都沦为了战俘。

可萨突厥的主力部队带着战利品返回北方,沿途攻占了阿拉克斯河北岸的拜义赖甘(Baylaqān),并以此作为自己的驻扎地。

阿尔达比勒战役的惨败极大地损害了阿拉伯人在亚美尼亚和阿塞拜疆的利益,在阿拉伯国内引起了巨大的反响,这个消息甚至很快传到了中亚地区。

希沙木哈里发(724—743年在位)迅速作出反应,再次任命马斯拉马赫·伊本·阿布都勒·麦立克为亚美尼亚总督,由赛义德·伊本·阿穆尔·伊本·阿斯瓦德担任军队前锋的指挥官,让他率领3万精兵,带着充足的补给以及10万第纳尔的军费,开赴前线地区,与可萨突厥人作战。

赛义德首先攻占了已经被可萨突厥人占领的城镇,然后前往阿拉伯军队的大本营巴尔德哈赫(Bardha'ah),途中相继从可萨突厥人手中夺回了一些要塞。赛义德到巴尔德哈赫后,得知可萨突厥的主力部队驻扎在拜义赖甘,于是决定向那里进军。

就在此时,可萨突厥人再次向卧尔珊发动了猛烈的围攻,赛义德率军前往解围。阿拉伯人在这个地方的防守很严,可萨突厥人一时难以突破,双方陷入僵持阶段。赛义德军中一个会说可萨语的波斯人穿过了可萨突厥人的封锁,把赛义德的援兵马上到来的消息传给了城内的守军,于是守军和援军里应外合,击败了可萨突厥人,解除了围困。

可萨突厥人转而围攻巴杰尔旺(Bajarwān),但是赛义德已经提前从卧尔珊赶到了这里。面对赛义德的大军,可萨突厥人被迫放弃围攻。

赛义德又在靠近阿尔达比勒的地方突袭了一支1万人的可萨军队。这支可萨军队是运送俘虏的部队,当时押解着5000名穆斯林俘虏。正是在这些俘虏的配合下,阿拉伯军队迅速消灭了这支可萨部队。可萨部队的生还者逃往拜义赖甘,把战败的消息带给了巴尔吉克王子。

可萨突厥军队的几次失利使巴尔吉克王子决定与阿拉伯人决一死战。于是他聚集了不少于10万人的兵力,驻扎在拜义赖甘的一条河旁边,等待着赛义德的到来。赛义德率领5万来自叙利亚、伊拉克和哲齐赖的士兵前去应战。

虽然双方军队的数量悬殊,但是穆斯林军队都抱着为贾拉合复仇的决心与可萨突厥人拼死作战,尤其是两军准备交战的时候,穆斯林士兵们看到贾拉合的头被悬挂在可萨突厥王子的战车上,更是激起了他们的愤慨。最终阿拉伯军队以少胜多,可萨突厥人被迫撤退。

可萨突厥人从拜义赖甘先退至阿塞拜疆的玛伊玛德赫,然后经过打耳班回到自己的领地。在玛伊玛德赫他们险些遭到赛义德的追击,赛义德正准备与可萨突厥人作战,就收到了总督马斯拉马赫的消息,他指责赛义德在自己到来之前擅自出兵与可萨突厥人作战,下令由另外的人取代他的位置。赛义德一交出兵权,就被马斯拉马赫派来的使者逮捕了。使者给他戴上镣铐,押解到巴尔德哈赫,投入监狱。这样,阿拉伯人的内讧给可萨突厥人充分的时间退回到打耳班,并从这里返回自己的领土。等到马斯拉马赫处理完赛义德的事情后,已经是深秋了,赛义德冒着雨雪从打耳班进攻可萨突厥的领地,但是可萨突厥大军早已退回北方,结果他无功而返。

731年,马斯拉马赫向可萨突厥发动了大规模进攻。打耳班的可萨突厥守军无法阻止阿拉伯大军的进攻,后者轻而易举地就通过了打耳班,向可萨突厥的领地进攻。马斯拉马赫一路攻占可萨的城市,哈姆兹恩和巴兰亚尔相继落入阿拉伯人之手。接着阿拉伯军队越过"巴兰亚尔山",来到萨曼达尔城。

马斯拉马赫得知可萨突厥人在萨曼达尔部署了重兵后,不敢贸然进攻,决定先行撤退。为了迷惑敌人,马斯拉马赫下令,营地的火要一直点燃,帐篷也要像他们刚驻扎时那样留在那里,沉重的辎重被抛弃,阿拉伯军队轻装撤退。

可萨突厥人发现阿拉伯军队撤退后一路追击,但是由于马斯拉马赫派人偷袭了可汗的营帐并刺伤了可汗,可萨突厥军队不得不从打耳班撤回到自己的国家。

可萨突厥大军撤走后,马斯拉马赫致力于攻占打耳班。他下令围攻了打耳班并向城里投掷石弹,后来甚至还投掷石头一样的铁弹;然而所有的努力都白费了,打耳班城堡中的1000户可萨突厥人奋力抵抗,城堡难以攻破。于是马斯拉马赫想出了投毒的奸计,他宰杀了牛羊,把它们胃里的脏东西投入城堡的水源,还在水里投入了阿魏。不到一夜的工夫水里就生虫了,水被污染了。由于缺乏饮用水,城堡中的守卫者们不得不乘夜逃走,留下了一座空城。

马斯拉马赫清楚意识到打耳班要塞的战略地位。他没有满足于简单地派兵驻守,而是采取鼓励移民的方式来加强对这里的控制,使打耳班地区伊斯兰化。24000名叙利亚人被马斯拉马赫安置在打耳班,每人都可以得到津贴。此外,他还修建了一个粮仓、一个大麦仓库和一个军械库。他下令用泥土填平蓄水池,修复了城市,加固了防御设施。后来还任命了地方官,对打耳班实施有效的管理。这些措施为将来的战争做了充分准备。当做好所有的安排后,马斯拉马赫让他的亲戚麦尔旺接管此地,自己则返回了叙利亚。

伍麦叶时期的阿拉伯—可萨突厥战争最终以可萨突厥的惨败而告终。732年下半年,驻守打耳班的麦尔旺·伊本·穆罕默德集合了4万人的军队进攻巴兰亚尔,许多可萨突厥人被歼灭,大量的俘虏和战利品被带回。735年麦尔旺被任命为亚美尼亚总督,他在离梯夫利斯只有20法尔萨赫的卡萨克(Kasāk)建立了指挥部,准备着对可萨突厥人的进攻。

737年,当麦尔旺决定对可萨突厥发动进攻时,他对外宣布自己打算进攻阿兰人。为了稳住可萨突厥人,他派遣一位特使到可萨突厥可汗那里,送去了穆斯林的停战协议。于是可萨突厥可汗也派遣使者前往阿拉伯军营签署了停战条约。然而,麦尔旺却扣留了可萨突厥使者,他打算从打耳班和达里亚尔两个通道同时进攻,给可萨突厥人一个措手不及。

在部署好之后,麦尔旺亲自率领主力部队从达里亚尔通道进军,另一支军队则在阿布·叶齐德的率领下从打耳班出发。一路上阿拉伯军队只遭到了很小的抵抗,最后两支部队在萨曼达尔顺利汇合。可萨突厥可汗对阿拉伯人的进攻毫不知情,因而国内没有应战的准备。

可萨突厥使者一直被扣留到发动总攻前的最后一刻,麦尔旺把使者叫来极大地羞辱了一番,接着公开宣战。当使者辗转回到可汗那里时,麦尔旺已经深入到可萨突厥汗国了。

可萨突厥可汗非常恐慌,他迅速召集大臣们商量对策。大臣们只能建议可汗迅速撤离首都阿得尔,因为无论是直接抵抗穆斯林军队,还是等待集合更强大的军队都是没有希望的。因此可汗向东北方朝着乌拉尔山脉撤退,首都只留下一支精锐部队做掩护。麦尔旺从萨曼达尔出发,及时地到达了阿得尔附近,但是他没有打算包围这里;相反,他转而沿着伏尔加河的右岸向北方进军,攻击可萨的臣民布尔塔斯人,有2万户布尔塔斯人成为俘虏,被迫迁往南方。

可萨突厥可汗派遣留守在首都的军队在一位达干的率领下沿着伏尔加河的左岸紧跟麦尔旺而来,但是阿拉伯军队却乘可萨突厥人休息之机，搭建浮桥，过河迅速袭击了可萨军队，取得了决定性胜利，可萨国王只好请求停战。

在阿拉伯将军的逼迫下，可萨国王答应皈依伊斯兰教，并和麦尔旺签订了条约。根据条约规定，麦尔旺指派可萨国王为可萨突厥汗国的统治者。麦尔旺很快就撤出了可萨突厥汗国，继续与高加索地区的一些小国作战，以巩固自己的地位。他在这里一直统治到743年，后来又经过了短暂的韦立德二世和叶齐德三世的统治，到744年时，麦尔旺离开了高加索地区，返回自己的国家去争夺哈里发的位置，

可萨突厥人虽然答应皈依伊斯兰教，但这只是权宜之计而已。麦尔旺的军队撤走后，可萨突厥人又恢复了原来的样子，他们并没有因为737年战争的失败而臣服于阿拉伯人，或是真正心悦诚服地皈依伊斯兰教，此时的可萨汗国依然是独立的。737年之后，可萨突厥人与阿拉伯人之间没有再进行大规模的战争，第二阶段的可萨—阿拉伯战争宣告结束。

3.3 可萨突厥人的反攻

749年10月30日，艾卜勒·阿拔斯在伊拉克首府库法城被拥立为哈里发，公开反对伍麦叶王朝。第二年4月26日，阿拔斯人攻占了伍麦叶王朝的首都大马士革，末代君主麦尔旺逃往埃及，于8月5日在埃及遇害，伍麦叶王朝彻底覆灭。阿拔斯王朝放弃了伍麦叶人的首都大马士革，定都于伊拉克境内，并于762年迁都至巴格达。

可萨突厥人与阿拉伯人的战争主要是在阿拔斯朝早期发生的。此时阿拉伯帝国的政局还很动荡，难以兼顾帝国的北方边界。哈里发曼苏尔(754—775年在位)即位后，任命叶齐德为亚美尼亚总督。叶齐德占领了阿兰之门，并在这里派驻了许多雇佣兵守卫。曼苏尔哈里发给叶齐德写信，命令他与可萨突厥国王的王室订立婚约。信中直接道出了缔结婚约的原因："亚美尼亚将难以继续存在并繁荣，除非与可萨突厥人订立婚约。因此，我的意见是为了国家的繁荣必须缔结婚约。

否则，由于可萨突厥人，我会很担心你和你的官员们的安全。他们无论什么时候想来，就会前来并会取得成功。”哈里发充分意识到了可萨的威胁，然而他却不能够对他们采取军事行动，只能用和平的通婚来暂时稳住可萨突厥人。

叶齐德遵照哈里发的命令，派人传话给可萨可汗巴哈图尔（Bagatur），向他的女儿求婚。可萨可汗答应了求婚，把女儿嫁给了叶齐德。这位公主在阿拉伯史料中被称为可敦，可敦是一个突厥语词，意思是夫人或尊贵的女子，可汗的妻子也常被称为可敦。

可汗派遣了1万军队护送公主前往阿尔巴尼亚的都城巴尔德哈赫，公主一行带着成百上千的马匹、骆驼、绵羊以及10万金币，异常风光地出嫁。公主与叶齐德结婚后主动要求皈依伊斯兰教，认真学习《古兰经》和宗教知识，成为一位穆斯林。公主生下了两个孩子，与叶齐德平静地生活，可萨突厥和阿拉伯人获得了和平。然而好景不长，在公主结婚两年四个月后，她和两个孩子突然死亡，刚刚修复的两国关系再次面临挑战。

可萨突厥公主之死，引发了可萨突厥人对阿拉伯人的战争。可萨突厥人认为是阿拉伯人害死了自己的公主，于是在762—763年间攻入打耳班，杀死许多亚美尼亚的穆斯林。两年后，可萨突厥军队又一次发动对外高加索的进攻，俘虏了大量穆斯林以及在穆斯林监护下的其他信仰的老百姓。他们还通过打耳班入侵库尔河北边的阿尔巴尼亚地区。伊伯利亚的梯夫利斯城也遭到入侵，不过可萨突厥人的进攻似乎在梯夫利斯遭到了挫折。第二年可萨突厥人再次发动进攻，这次他们击败了驻守在梯夫利斯的阿拉伯军队。曼苏尔派遣胡迈德·伊本·卡赫塔巴与进攻亚美尼亚的可萨突厥人作战，但等到胡迈德到达亚美尼亚时，可萨突厥人已经离开了。

亚美尼亚人在麦海迪（Mahdi）哈里发（775—785年在位）死后开始反叛，在哈迪（Hādi）短暂统治期间也没有被制服。哈伦·赖世德（Hārūn al-Rashīd）786年即位后，派往亚美尼亚的几位统治者也没能维持和平局面。

796 年,哈伦哈里发任命了一位新的统治者赛义德·伊本·萨尔姆出任亚美尼亚总督。赛义德刚一到任,就犯了一个致命的错误,他很轻率地处死了驻守在打耳班的将军,安插了自己的亲信负责打耳班的防务,从而冒犯了当地的贵族,再次引发了麻烦。前任将军的死激起了当地人的反抗,他们在将军儿子的带领下杀死了赛义德派来的人,并写信给可萨突厥国王,主动献出打耳班,请求可萨突厥人帮助自己对抗阿拉伯人。

可萨突厥人回应了这一请求,率 10 万大军来到打耳班。入侵者势如破竹,一直攻打到库尔河才停止了前进。在席卷了亚美尼亚地区的基督教徒和穆斯林之后,可萨突厥人带着俘虏撤退了。不久哈伦哈里发意识到了自己在亚美尼亚用人的失误,于是罢免了赛义德,派遣了一支强大的军队前去迎战可萨突厥人,但是此时可萨突厥人已经撤退。这是文献中记载的可萨突厥人对阿拉伯人发动的最后一次大规模进攻。

在接下来的新世纪中,可萨突厥人与阿拉伯人之间主要是和平的贸易关系。可萨突厥汗国在经过一个多世纪的南征北战之后,实力增强了,逐渐成为南俄草原上非常具有影响力的国家。可萨突厥人与阿拉伯人在高加索地区的战争也随着可萨汗国的强盛而结束了。强大后的可萨突厥汗国不再像过去那样通过劫掠的手段来积累财富,而是利用自己贸易枢纽的有利位置,获得了巨大的财富。因此,它没有必要再远赴高加索南部去辛苦地征战,只需要用强大的兵力来维持贸易通道的畅通就可以了。

4　克里米亚之争

克里米亚半岛，又称克里木半岛，疆界大致与今天乌克兰的克里米亚共和国相同。克里米亚半岛的北部与欧洲大陆通过仅数公里宽的彼列科普地峡相连，半岛西、南临黑海，东北临亚速海，东部的刻赤半岛（Kerch）与大陆隔刻赤海峡相望，黑海和亚速海就是由刻赤海峡相连的。

克里米亚被称为"黑海门户"，对拜占庭帝国来说具有十分重要的战略地位。克里米亚地区的重要性表现在经济和政治两个方面。经济上，克里米亚为拜占庭提供了初级产品——南俄罗斯诸河流中的鱼，亚速海地区的盐，更北边的森林地区的皮毛和蜂蜜，这些货物都经由克里米亚半岛的港口从黑海运往拜占庭首都君士坦丁堡；同时又通过这一通道把拜占庭生产的产品销往北方游牧人生活的地区。政治上，臣服于拜占庭的赫尔松（Cherson）及其邻近地区是位于游牧民族世界边缘的无价的观察站和瞭望塔，能够及时为拜占庭人提供南俄草原的最新信息，对于拜占庭的安全来说也具有重要意义。因此，拜占庭人一直致力于控制和占领克里米亚地区。

当可萨突厥7世纪中期崛起之时，拜占庭人已经控制了克里米亚南部的港口城市赫尔松。赫尔松大致相当于今天的塞瓦斯托波尔，是一个商业繁荣的城市。这里一直保存着古老的希腊传统以及地方自治的组织，较少受到罗马行政制度的影响。它虽然属于拜占庭帝国，但是具有很强的独立性。赫尔松与拜占庭之间是一种较为松散的隶属关系，这使得可萨突厥的势力有可能渗入赫尔松地区。

对于可萨突厥来说，控制了赫尔松就掌握了拜占庭和北方民族贸易的重要孔道，从而能够为自己带来巨大的经济利益；同时还可以加强可萨突厥人对南俄草原民族的统治，对拜占庭构成军事上的威胁。

因此，克里米亚地区成为可萨突厥汗国与拜占庭帝国争夺的焦点。

早在西突厥统治时期，西突厥人的势力就已经扩张到克里米亚地区了。576年，拜占庭使者瓦伦丁出使西突厥时，西突厥的咄陆设就率领着乌提古尔人出兵攻占了刻赤海峡的博斯普鲁斯城，从此突厥的势力扩展到了克里米亚地区。

西突厥汗国灭亡后，可萨突厥接管了西突厥在克里米亚地区的领地，继续从半岛的东南部向半岛内陆挺进。到7世纪后期，可萨突厥已经扩张到克里米亚半岛西南部的山地多罗斯地区。

多罗斯城也称为Feodoro，Theodoro或Mangup，拜占庭人在540年修建了该城，主要目的是保护通往赫尔松的商路。建成后不久，多罗斯城就落入哥特人手中，成为哥特人的统治中心。

可萨突厥人最终征服了克里米亚的哥特人，控制了多罗斯地区。可汗派遣军队驻扎在多罗斯城，还任命吐屯负责征收赋税。到7世纪晚期，可萨突厥控制了除赫尔松之外的克里米亚半岛大部分地区，下一个目标，就是赫尔松。

4.1 没有鼻子的皇帝

685年9月，拜占庭皇帝君士坦丁四世去世，享年33岁。他的早逝把年轻的儿子推上了皇位，新继位的查士丁尼二世当时还不到16岁。

年轻的查士丁尼二世是位情绪化的君主，他过早地承担起了一个帝国的统治重担，但是显然他还没有足够成熟的心智去接受这样的挑战。这位不成熟的君主以拜占庭曾经辉煌一时的君主查士丁尼一世为自己的榜样，好大喜功，野心勃勃。他的独断专行和极度的神经质最终把他推向了毁灭的深渊。

查士丁尼二世登基的那一年，正好也是阿拉伯帝国哈里发权力更替之时。新继位的阿布·马利克哈里发设法与拜占庭帝国签订新的和约，以稳定国内的局势。双方瓜分了塞浦路斯、亚美尼亚和伊伯利亚的赋税，阿拉伯人还答应增加付给拜占庭的年贡。

拜占庭的东部暂时得到了安定，这也使查士丁尼二世有精力去关注帝国巴尔干半岛的“斯拉夫人占领区”。688年前后，查士丁尼二世对斯拉夫人和保加尔人进行了远征。他一直攻打到塞萨洛尼基（Thessalonica），征服了许多斯拉夫人，迫使巴尔干半岛南部地区的斯拉夫人部落承认其宗主权。拜占庭帝国的比赛尼亚省、奥普希金军区等地由于长年的战乱，人口流失，大量土地荒芜，于是查士丁尼二世下令大批斯拉夫人迁移到这些地区进行屯垦。几万名斯拉夫人被迫背井离乡，迁往完全陌生的土地，成为帝国的农兵。这些农兵的到来，不但充实了帝国的国库，而且增加了帝国的军事力量。

查士丁尼二世的移民政策虽然能够满足国家的需要，但是那些背井离乡的移民们却不得不承受离开故乡的痛苦，迁居到完全陌生的地方。690—691年，查士丁尼二世破坏了与阿布·马利克的和约，把塞浦路斯岛上的居民强行迁走。在迁移的过程中，大量的塞浦路斯人淹死或病死，剩下的人返回了塞浦路斯。691—692年，查士丁尼二世又从他迁移的斯拉夫人中征召了一支3万人的军队，在塞巴斯托斯堡（今天的苏鲁-萨雷，Sulusaray）与阿拉伯人作战。斯拉夫人的将军在阿拉伯人的劝说下倒戈，率领2万人归降了阿拉伯人，拜占庭遭到失败。于是查士丁尼二世下令残酷处死了剩余的斯拉夫人及其妻儿。

查士丁尼二世在推行政策的过程中，独断专行，不惜动用暴力，激起了民众们的强烈反对。同时，由于他大力推行小军役土地制度，极大地损害了贵族们的利益，因此也招致了贵族们的反对。

查士丁尼二世为了满足自己的虚荣心，修建了查士丁尼宫，甚至为了在宫殿附近修建豪华的喷泉而下令拆毁圣母教堂。他重用宦官，任命了几位以残忍无情著称的财政税收官员，使所有的臣民都背上了沉重的财政负担，官员们的横征暴敛最终激起了人民的反抗。

695年年底，推翻查士丁尼二世的起义爆发，新建立的希腊军区将军利奥提乌斯（Leontius）被推举为皇帝。查士丁尼二世遭受了割鼻的惩罚，并被流放到克里米亚半岛上的赫尔松。

一个人遭受割鼻的刑罚，就意味着再也不能担任公职了，查士丁尼二世的皇帝生涯似乎就此走到了尽头。然而，这位遭受毁容的废帝仍然没有放弃重新入主君士坦丁堡的希望，他在赫尔松默默地等待时机。

697年，阿拉伯帝国军队远征北非，目标直指迦太基，拜占庭的新皇帝利奥提乌斯火速派遣舰队应战。第二年春天，阿拉伯人加强了水陆两路军队的进攻，拜占庭人大败，最终放弃了迦太基。拜占庭舰队的士兵们吃败仗后不愿回到首都，于是密谋推翻利奥提乌斯的统治。舰队士兵拥戴卡拉比西亚尼海上军区的舰队司令阿普西马尔(Apsimaros)为皇帝，史称提比略二世。利奥提乌斯同样遭到割鼻的惩罚，并被囚禁在修道院内。

皇位的更替使查士丁尼二世受到了巨大的鼓舞，他在赫尔松越来越不安分，与他的旧部频繁接触，并大肆收买人心。他甚至公开宣称新皇帝的继位不合法度，他将重新夺回属于自己的皇位。赫尔松的地方官害怕新皇帝怪罪，于是把查士丁尼二世献给皇帝。查士丁尼二世在危机时刻得到了追随者的帮助，有人给他通风报信，于是他离开了赫尔松，开始了逃亡生涯。

查士丁尼二世离开港口城市赫尔松，向内陆地区逃亡。他逃到了丘陵地区多罗斯，这里是哥特人聚居的地方，此时哥特人迫于可萨突厥汗国扩张的压力，被迫承认可萨突厥汗国的宗主国地位。查士丁尼二世通过哥特人联系上了可萨突厥汗国的汗王，他显然看上了可萨汗国日益强大的实力，希望借助可萨突厥人的力量来复辟。

可萨突厥汗王得到消息后，决定收留查士丁尼二世。他之所以这样做，是出于两方面的考虑。一方面，可萨突厥汗王想扶植查士丁尼二世与拜占庭的皇帝提比略二世进行斗争，最终夺取皇位，从而在拜占庭建立一个亲可萨突厥的傀儡政权，进一步控制和影响拜占庭的政局，为可萨突厥汗国谋取利益。另一方面，可萨突厥人也想利用查士丁尼二世在赫尔松地区的影响力，完全控制这一地区。当时可萨突厥的势力虽然已经控制了克里米亚大部分地区，但是赫尔松这个西南部重要的战略要地仍然掌握在拜占庭人的手中。查士丁尼二世在赫尔松流放期间培植了自己的羽翼,在这一地区比较有影响力,可萨突厥人正是想借助他在这一地区的影响力来进一步控制赫尔松。

正是出于上述考虑,可萨突厥汗王以皇帝的礼仪接见了查士丁尼二世,为了进一步笼络他,还把自己的妹妹嫁给了他。查士丁尼二世给妻子取名塞奥多拉,这正是拜占庭伟大的君主查士丁尼一世妻子的名字。可汗让他们夫妻居住在汗国的都城,但是查士丁尼二世请求回到克里米亚地区,于是可汗安排夫妻二人在刻赤海峡东海岸的伐纳戈里亚(Phanagoria)居住。

可萨突厥汗王虽然收留了查士丁尼二世,但是却没有从实际行动上支持他的复辟活动。对于可萨突厥人来说,直接控制赫尔松比帮助查士丁尼二世复辟更具有实际意义。即便可萨突厥人愿意支持他复辟,要进攻君士坦丁堡也需要越过黑海,而身为游牧人的可萨突厥人此时还没有强大的舰队,无法实现对君士坦丁堡的攻占。因此,可萨突厥人并不急于帮助查士丁尼二世复国,只是让他与妻子安心地居住在伐纳戈里亚,并派官员监视着他。

查士丁尼二世与妻子生活在别人的监视之下,复辟活动受到了诸多限制。他逐渐意识到了当初投靠可萨突厥人的错误,对可萨突厥人失去了信心,他决定要投靠新的势力——保加尔人。只有寻求多瑙河流域的保加尔人的支持,才有可能从陆路迅速攻占君士坦丁堡,并最终复位。但是查士丁尼二世却不敢贸然离开,他需要一个离开的借口。

拜占庭皇帝提比略二世得知查士丁尼二世投靠了可萨突厥人后,就向可萨突厥派遣使节,要求引渡。提比略二世写信给可萨突厥可汗,许诺只要对方交出查士丁尼二世,将会付给可萨突厥人许多的财物,如果不能活捉,实在不行也可以交出他的头颅。可萨突厥可汗提出条件:拜占庭人如果允许可萨突厥人在赫尔松派驻官员征收赋税,他可以交出查士丁尼二世。提比略二世最终默许了,于是可汗决定除掉查士丁尼二世。

可萨突厥汗王秘密下令给当地的长官帕帕祖斯(Papatzys)和克里

米亚的博斯普鲁斯司令巴尔吉兹斯(Balgitzis),让他们杀死查士丁尼二世。然而这些事情都被可汗的一个仆人设法告诉了查士丁尼二世的妻子塞奥多拉,塞奥多拉迅速告知了自己的丈夫。这个消息意外地让查士丁尼二世获得了一个离开的好机会。

查士丁尼二世设下鸿门宴,假意邀请帕帕祖斯和巴尔吉兹斯参加私人聚会,秘密杀死了他们。在确定自己的生命没有威胁后,查士丁尼二世立刻派人把塞奥多拉送回可萨突厥可汗的身边,自己则秘密地从伐纳戈里亚逃走,辗转回到赫尔松,召集旧部一起坐船逃往多瑙河流域,投靠保加尔人。

查士丁尼二世离开赫尔松后,可萨突厥人就派兵占领了赫尔松,可汗任命了一位吐屯,负责管理并监督征收赋税。可萨突厥人终于如愿以偿地把赫尔松纳入了自己的统治中。

查士丁尼二世派遣使者去见保加尔人的国王特尔维尔,请求他帮助自己夺回王位,而且答应给他丰厚的礼物,并把女儿嫁给他。

保加尔人因为受到可萨突厥人的进攻,于7世纪后期西迁到多瑙河河口地带,在多次与拜占庭人的战争中取得了胜利,向南部扩张了势力,给拜占庭的西部边境造成了巨大的压力,而且还曾经威胁到拜占庭首都君士坦丁堡的安全。查士丁尼二世的到来正好可以给保加尔人进攻拜占庭的机会,于是特尔维尔决定帮助这位废帝攻打拜占庭,与他结成同盟。

705年秋季,保加尔汗王特尔维尔亲自率领一支强大的斯拉夫—保加尔军队与查士丁尼二世一起兵临君士坦丁堡,但难以攻破拜占庭首都的高大城墙。3天过去了,没有任何进展,于是查士丁尼二世带领一些忠勇之士乘夜晚从引水管道爬入城内。这次奇袭立即引起了首都极大的恐慌,提比略二世皇帝仓皇出逃,查士丁尼二世得到城内支持者的帮助,最终攻破帝都。在亡命天涯10年后,查士丁尼二世成功复辟。

为了感激保加尔人的帮助,查士丁尼二世恢复了一度终止的给予保加尔人的岁贡,赠送给保加尔人大量礼物,而且授予保加尔汗王特尔维尔“恺撒”的称号,这是拜占庭史上第一次将这个特殊的头衔授予外族君主。虽然这个称号早就失去了其原有意义,但是它仍然是仅次于皇帝的头衔。称号本身没有皇帝的权力,但是却分享皇帝的荣誉。特尔维尔在满载昂贵的礼物回国之前,肩并肩与皇帝一起坐在皇位上接受了民众的欢呼。

送走保加尔汗王后,在战斗中被擒获的提比略二世和7年前被废黜的皇帝利奥提乌斯被侮辱性地游街示众,而后被处决。数量相当多的重臣被吊死在君士坦丁堡各个城墙上。查士丁尼二世陷于疯狂的报复中不能自拔,将全部力量都投入到与其个人仇敌血战到底的斗争中。

4.2 争夺赫尔松

如前所述,查士丁尼二世离开赫尔松后,可萨突厥人就在这里派驻了官员。据拜占庭史官塞奥发尼斯记载,统治赫尔松的可萨官员称为 Toudounos,他是可萨可汗在赫尔松的代表。这个 Toudounos 应该就是我国史书中记载的吐屯。吐屯为监察之官,职责主要是监视属国的国政,督促属国交纳贡赋。西突厥汗国就曾向西域派遣了吐屯。可萨脱离西突厥汗国的统治后沿用了其许多军政制度,包括仿效西突厥汗国在被征服的各地设置吐屯。赫尔松的这位吐屯就是代表可萨可汗负责监督当地的官员。可萨突厥人控制赫尔松后,就有效地控制了克里米亚地区重要的出海口,对拜占庭帝国的利益构成威胁。查士丁尼二世复辟后,势必要解决这个问题。

查士丁尼二世在夺取政权后立即派遣一支庞大的舰队,前往可萨突厥迎接妻子塞奥多拉,结果舰队遭遇了巨大的风暴,几乎全军覆没。他的这一举动明显是在向曾经背弃他的可萨突厥人示威,而且也表明他试图乘机收回对赫尔松的控制权。

可萨突厥可汗得知消息后非常生气,他在写给查士丁尼二世的信中说道:“你真是愚蠢!你难道不可以只派两三艘船来接你的妻子,而非要让这么多的人丧生吗？你是不是想派遣舰队来，通过战争把她夺回去呢？我帮你好好地照顾着你的妻子，现在你的儿子也出生了，让你的使者来把他们带回去吧，没有必要做那些愚蠢的事情了！”

此时的可萨突厥人并不想和拜占庭兵戈相见，更希望通过可萨公主改善与拜占庭的紧张关系。于是可萨可汗最终让查士丁尼二世派来的使者接走了妹妹塞奥多拉和他们的儿子提比略。回国后可萨公主被册封为皇后，其子则被加冕为查士丁尼二世的共治皇帝。

可萨突厥与查士丁尼二世的紧张关系在可萨公主成为拜占庭皇后以后有所缓和，但是双方的矛盾并没有解决。查士丁尼二世对可萨突厥人曾经试图出卖自己一直耿耿于怀，更重要的是可萨突厥人在克里米亚地区的地位日益巩固，而且直接控制着战略要地赫尔松，这极大地损害了拜占庭的利益。可萨突厥人在这个问题上绝不肯让步，因此双方的斗争在所难免。

710 年，查士丁尼二世派遣一支 10 万人的舰队向赫尔松进发。据塞奥发尼斯记载，皇帝这次军事行动是“因为对赫尔松人、博斯普鲁斯人以及克里米亚其他地区的人怀恨在心”，似乎发动进攻只是出于个人的报复。然而，如果只是单纯地去报复当地的居民，查士丁尼二世根本没有必要动用如此庞大的军队。他此举其实是想借助武力从可萨突厥人手中重新夺回赫尔松。

当时可萨突厥人似乎没有派驻大量军队在赫尔松地区，所以拜占庭人没有遇到什么抵抗就占领了赫尔松。除了一些孩子和重要的官员幸免于难之外，许多人都遭到了屠杀。

可萨突厥人派往赫尔松的吐屯与当地的贵族佐伊罗斯(Zoilos)一起被押解到君士坦丁堡，取而代之的是查士丁尼二世派来的新官员伊莱亚斯(Elias)，拜占庭人暂时收回了赫尔松。

同年 10 月，拜占庭远征军接到迅速返回的命令，结果在海上遇到了巨大的风暴，许多船只被毁，73000 人丧生。巨大的损失非但没有使查士丁尼二世停止进攻，反而使他变本加厉。他借口舰队放过了赫尔松城中的孩子，决定再派遣一支军队把赫尔松夷为平地。

当消息传到克里米亚的时候,当地居民十分恐慌,因为他们对上一次的大屠杀仍然记忆犹新。为了捍卫自己的生命,赫尔松人决定寻求可萨突厥的帮助。当地居民集体写信,请求可萨突厥可汗派兵保护他们。从可萨派遣的吐屯被拜占庭俘虏开始,可萨与拜占庭的矛盾就已经公开化了。查士丁尼二世直接取缔了可萨突厥人在赫尔松的统治,威胁到了可萨突厥人在克里米亚地区的利益,可萨突厥人自然不会坐视不管,于是可汗欣然同意。

可萨突厥军队大量出动,开赴赫尔松。赫尔松的居民在可萨突厥人的支持下发动了反对查士丁尼二世的起义。皇帝派驻赫尔松的地方官伊莱亚斯和军官巴尔达尼斯(Bardanes)也识时务地发动兵变,公开反叛查士丁尼二世,积极支持城中的起义。

意识到事态的严重性,查士丁尼二世派遣官员带领300名士兵护送吐屯和佐伊罗斯回赫尔松,并承诺恢复他们的地位。他还通过一名使者向可汗道歉,希望可汗把伊莱亚斯和巴尔达尼斯交给他。此时的可萨试图通过扶植亲己势力来影响拜占庭帝国的政局,支持新的弱势力量来与查士丁尼二世相抗衡,加强自己在赫尔松地区的影响力,以保证自己在克里米亚地区的利益。因此,可萨可汗对查士丁尼二世的道歉和请求毫不理睬,相反还加紧了对赫尔松局势的影响。

在可萨突厥的授意下,赫尔松城里的居民杀死了查士丁尼二世的使者。由于吐屯在归国途中意外死亡,护送他的300名士兵被可萨突厥人集体屠杀,成为吐屯的殉葬品。这样,可萨突厥人以公开的杀戮表示与查士丁尼二世的对抗,已经准备要和他决一死战,彻底结束其统治了。可萨可汗积极扶植自己的傀儡巴尔达尼斯为新皇帝,于是,赫尔松居民以及克里米亚其他地区的人在可萨突厥人的支持下,共同推举巴尔达尼斯为腓力皮克斯皇帝(Philippicus)。

查士丁尼二世试图拉拢可萨突厥人的做法遭到失败,他只好派遣玛乌罗斯(Mauros)的地方官贝索斯(Bessos)率领舰队前往赫尔松镇压起义。查士丁尼二世给贝索斯装备了一个攻城的铁锤和各种各样的攻城机器,命令他毁坏赫尔松的城墙以及整个城镇,不许留一个活口。

拜占庭军队到达赫尔松后，由于可萨突厥人的援兵没有及时到来，赫尔松陷入包围中，两座塔被摧毁。巴尔达尼斯抵挡不住攻势，迅速撤退到可萨突厥人的领地，寻求保护。

当可萨突厥大军前来解围时，贝索斯发现自己的兵力不足以抵挡可萨军队，但是又害怕回去后会受到惩罚，因此他也背叛了查士丁尼二世，承认巴尔达尼斯为皇帝。

可萨突厥可汗害怕贝索斯诈降，贸然放巴尔达尼斯回去会有危险，这样一来自己苦心扶植的傀儡无法顺利登上拜占庭的皇帝宝座，于是不肯把巴尔达尼斯交给他。后来，直到起义军交纳了赎金，并宣誓保证绝不背叛新皇帝时，可萨突厥人才派军队护送巴尔达尼斯回到赫尔松。

可萨突厥人对赫尔松起义军的支持，使得查士丁尼二世的舰队倒戈投奔起义军，壮大了起义军的力量。711 年 11 月，巴尔达尼斯率领舰队抵达君士坦丁堡，首都百姓开城迎接，查士丁尼二世众叛亲离，最后被其近卫军军官杀害，年仅 6 岁的幼子提比略也惨遭不幸，拜占庭历史上的希拉克略王朝从此宣告结束。

纵观查士丁尼二世时期可萨突厥与拜占庭的关系，我们不难发现，可萨突厥对查士丁尼二世的态度完全取决于克里米亚地区的战略需要。可萨突厥人出于控制赫尔松的考虑收留了查士丁尼二世，后来因为他直接威胁到自己在赫尔松的利益，所以煽动并支持推翻查士丁尼二世的起义，积极扶植亲己势力登上皇位，在很大程度上影响了拜占庭国内的政局和王位的更迭。

5 南俄草原的霸主

到了8世纪后期,可萨突厥汗国成为南俄草原名副其实的霸主,与拜占庭帝国、阿拉伯帝国成三足鼎立之势。8世纪中期到9世纪后期的一个多世纪是可萨突厥汗国的鼎盛时期,此时的可萨突厥汗国控制着东至咸海以北的草原,西至第聂伯河中下游,北达伏尔加河中上游的伏尔加保加尔王国,南抵高加索山脉的广大地域。疆域大致包括今天的乌克兰、南俄罗斯、北高加索、哈萨克斯坦草原西部等地。

可萨突厥可汗约瑟夫曾经在谈到可萨突厥汗国疆域大小的问题时说:"我的国家位于里海附近的伏尔加河河岸,向东走有4个月的行程。在河边居住着许多人口众多的部落,这里有村落、城镇和设防的城市,他们都向我纳贡。从里海的边界到我住的地方有1个月的路程,那些居住在海滨的部落都向我纳贡。在南方直到打耳班的地方有15个人口众多的部落,他们都生活在山区。在西方有13个部落,他们的数量也很多,他们生活在黑海海滨。北部边界一直到乌拉尔河,这些人生活在没有城墙的城镇,占据着草原,他们的数量像海里的沙子一样多,所有这些人都向我纳贡。"

可萨突厥人通过其强大的军事力量先后征服并控制了许多国家和部落,在汗国鼎盛时期臣服于可萨突厥人的,主要有伏尔加保加尔人、布尔塔斯人、北高加索匈人、马扎尔人以及接近草原地带的一些东斯拉夫人部落等。可萨突厥治下的许多民族和国家,依然保有自己的首领和君主,可以自主管理内部事务,有信仰的自由,但是必须服从可萨突厥人的统治,向可萨突厥人上交赋税,或是在战时为汗国出征。

5.1 伏尔加保加尔人

7世纪中期大保加尔国的解体迫使一部分保加尔人从黑海草原迁

徙到伏尔加河中上游，征服了当地的许多部落，建立了伏尔加保加尔国。

伏尔加保加尔人属于典型的游牧民族，他们仍然居住在传统游牧人的“毡房”中，国王的毡房尤其巨大，据说能容纳1000人，里面有大量装饰品以及国王的宝座。保加尔人被后来的基辅罗斯人称为“穿皮靴的人”，在罗斯史料中这一称呼特指游牧民族，而对定居的农耕民族则称为“穿树皮靴的人”。游牧民通常给保加尔国王上交马匹作为贡赋。但是保加尔国内还有许多人是农民，他们种植小麦、大麦、粟米等谷物。

伏尔加保加尔国在可萨突厥汗国强盛时，被迫臣服于后者，每户保加尔人要向可萨国王交纳一张貂皮。除此之外，保加尔国王还不得不把自己的儿子送到可萨突厥汗国去做人质。

对可萨突厥统治者提出的无礼要求，保加尔人也常常无法抗拒。可萨突厥国王得知保加尔国王的女儿十分美貌后，派遣使者向她求婚，保加尔国王不同意，拒绝了他的请求。于是可萨突厥国王派遣军队，用武力掳走了她。虽然可萨国王是犹太教徒，而这位公主是穆斯林，但是他毫不介意，仍然强娶了她，后来保加尔公主死在可萨国。公主死后，可萨国王又派遣使者向保加尔国王的另一个女儿求婚，保加尔国王一得知这个消息，就立刻把女儿嫁给了臣服于自己的一个部落首领，因为他担心女儿再次被可萨人用武力掠走。

伏尔加保加尔国王后来皈依了伊斯兰教，这一举动引起了可萨突厥人的不满。信仰犹太教的可萨国王不希望保加尔人与伊斯兰世界保持密切的联系，担心保加尔人借助阿拉伯人的力量就此脱离自己的统治，于是借口保加尔人没有得到自己的允许就皈依了伊斯兰教，亲率大军讨伐伏尔加保加尔。

可萨突厥人最终没能改变伏尔加保加尔人信仰伊斯兰教的现实。保加尔国王主动向阿拔斯王朝的哈里发派遣使者，请求阿拉伯人出资为他们修建一个要塞，来抵挡可萨突厥人的进攻。921年伊本·法德兰奉哈里发之命出访伏尔加保加尔，就是对之前保加尔使者访问巴格达的回应。这一次阿拉伯人帮助保加尔人修建了清真寺和一座炮台,还给保加尔人留下了宗教导师传播伊斯兰教。此时可萨突厥汗国已经开始衰落,对于保加尔人与阿拉伯人的联盟也无可奈何。

5.2 布尔塔斯人

伏尔加保加尔的南方、可萨突厥的正北方就是布尔塔斯人的领地。根据阿拉伯史家伊斯塔赫里记载:"布尔塔斯人是可萨边界上的一个民族。在布尔塔斯人和可萨突厥人之间没有其他民族。他们分布在伏尔加河的河谷地带。"布尔塔斯人的名称来自他们生活的布尔塔斯河,这些人属于芬兰—乌拉尔语系民族,他们的语言与可萨突厥人的语言不同。一些学者认为布尔塔斯人是今天伏尔加河流域操芬兰语的莫尔多瓦人(Mordvins)的祖先。

布尔塔斯人面目清秀、标致,体格强健,布尔塔斯男子是可萨突厥汗国军队的主要来源之一。根据史料记载,布尔塔斯人服从可萨突厥国王的统治并且为汗国提供1万骑兵。史料中没有提到布尔塔斯人是否向可萨突厥人交纳实物贡赋,很有可能他们以服兵役的形式来服务于可萨突厥统治者。作为可萨汗国北部的民族,布尔塔斯人为可萨突厥守卫着边疆,不仅抵御佩切涅格人的入侵,而且以武力协助可萨突厥人控制伏尔加保加尔人。

布尔塔斯人还处于原始的氏族部落阶段,他们不像伏尔加保加尔那样有君主统治,而是由氏族中的长老来处理族内的事务。布尔塔斯人有两个部落,一个部落的人死后火葬,另一个部落的人土葬。

布尔塔斯人主要生活在森林地带,居住在木屋中,当地出产野猪、公牛、蜂蜜以及皮毛等物。布尔塔斯人出口的皮毛在当时非常著名,是各国国王争相购买的奢侈品。

阿拉伯地理学家马苏第记载:"布尔塔斯人主要出口一种叫'布尔塔斯'的黑色或红棕色狐狸的皮,这类裘皮中有一些(尤其是黑色的)价值可达100金币或更多,红棕色的价格稍低。前者由阿拉伯人和非阿拉伯人的国王穿戴，他们洋洋得意地以此作装饰，对此皮货的器重要超过黑貂皮、貂皮和其他同类皮裘。他们也用此来做帽子、皮里长袍和毛皮大衣。没有一位国王不拥有布尔塔斯黑狐狸皮大衣或皮里长袍。"

5.3 北高加索匈人

可萨突厥汗国在高加索地区最重要的属部是北高加索匈人，可萨突厥多次对外高加索地区的军事行动都是由北高加索匈人发起的。

北高加索匈人是4世纪曾经引发日耳曼人大迁徙并横扫东、西罗马帝国的匈人(Huns)的后裔。4世纪后期，匈人出现在东罗马帝国的边境，372年击败阿兰人，374年渡过顿河，侵入东哥特境内，东哥特军事首领兵败身亡。375年，匈人与西哥特人交战于德聂斯特河，西哥特人被迫求得罗马东部皇帝的准许于376年渡过多瑙河，定居在罗马境内，为帝国守卫边境。5世纪前期，被称为"上帝之鞭"的匈人首领阿提拉率军多次侵入东、西罗马帝国，迫使日耳曼人大量涌入西罗马帝国，最终导致西罗马帝国在476年灭亡。

由于匈人对欧洲历史影响深远，历史学家们一直对其起源问题非常有兴趣，提出了很多假说。其中最著名的假说就是匈人来源于秦汉时期我国北方的匈奴人，是西迁的北匈奴人的后裔。

公元前3世纪开始活跃于蒙古高原的匈奴人，于公元48年分裂为南、北两部。南匈奴居东汉缘边八郡，助汉戍边，受到东汉的保护和优待。北匈奴立于漠北高原，公元88年，其统治阶层因争立单于而矛盾重重，加之蝗灾，国内纷乱，投降东汉者接踵而至。就在北匈奴处于分崩离析之际，东汉采纳南单于关于剿灭北匈奴的建议，于公元89—91年3次出军，大举攻伐北匈奴，摧毁了北匈奴在漠北的统治。其间，北匈奴节节西退。公元91年后，西退的北匈奴残部除少数人随北单于"逃亡不知所在"外，其余多数停留西域北部今新疆哈密西北至准噶尔盆地一带，与原先屯住这里的匈奴部落汇合，继续与东汉争夺西域的控制权。2 世纪中叶以后,史籍中不复见有关这一带匈奴活动的记载,后人亦无从考知他们此后的下落。

18 世纪,法国著名东方学家、法兰西学院教授德经(J. Deguignes,1715—1800)在其代表作《匈人、突厥、蒙古人及其他西方鞑靼的通史》中,首次推断欧洲中世纪匈人(Huns)即汉文史籍所载的匈奴,并描述了匈奴不断西迁入侵多瑙河流域的历程。此后,德经关于匈奴即匈人的观点得到一些权威人士的赞同,在学术界产生了广泛而深远的影响。

但是,正如美国印第安纳大学乌拉尔—阿尔泰学系教授丹尼斯·西诺尔(Denis Sinor)在《剑桥早期内陆欧亚史》中指出的那样,“没有证据表明,匈人社会的主体成分与匈奴有历史渊源关系”,其实匈奴人就是匈人的假说是很难成立的。目前,西方学术界已经基本摒弃了匈奴匈人同族论的观点。遗憾的是,到今天为止,我国的学术界仍然在沿袭着西方学者 18 世纪提出的观点,大量的教科书和历史学著作中还在描述着匈奴人首领阿提拉如何横扫欧洲。

让罗马人闻风丧胆的匈人游牧政权在首领阿提拉去世后迅速瓦解,一部分匈人来到北高加索地区,他们被称为北高加索匈人。

在亚美尼亚史料中留下了有关北高加索匈人的记载。664 年冬天,北高加索匈人的国王率领数千骑兵入侵外高加索的阿尔巴尼亚,掠夺了大量人口和牲畜。阿尔巴尼亚君主与匈人签订和约并迎娶了匈人国王的女儿。据载,匈人国王从战利品中拿出一部分为女儿陪嫁,嫁妆有 12 万只羊、8000 匹马和牛以及 1200 个俘虏。

显然匈人对阿尔巴尼亚构成巨大的威胁,可萨突厥人正是通过匈人实现对外高加索地区的影响和控制的。可萨突厥人虽然没有彻底征服阿尔巴尼亚,但是却能够通过高加索匈人的军事威慑力迫使阿尔巴尼亚人向自己交纳赋税。

阿尔巴尼亚人为了寻求与匈人的和平,决定从文化上影响高加索匈人,于是派遣一位主教前往匈人地区传播基督教。681 年,阿尔巴尼亚国王瓦拉兹 - 特拉达特(Varaz-Trdat)召集大臣商议,派遣新任主教出使匈人的土地,缔结和约。他说:“我们给残忍的阿拉伯人上交的赋税已经非常困扰我们了，每年匈人还入侵我们的土地，给我们带来灾难，我们的国家被这两方劫掠和削弱。让我们挑选一位主教为我们谋求和平。”这位主教说服匈人的首领皈依了基督教。

可萨突厥可汗赐予高加索匈人的首领俟利发的称号，并通过联姻等手段来加强对匈人的控制。据亚美尼亚史料的记载，匈人首领682年皈依基督教后，在战斗中表现很英勇，获得了巨大的名声。在觐见可萨可汗的时候，他多次表现出自己的技艺，得到了可萨突厥公主的青睐，可汗不得不把女儿嫁给他。

5.4 马扎尔人

马扎尔人(Magyar)是今日匈牙利人的祖先之一，在9世纪末迁徙到喀尔巴阡山脉之前，曾经作为可萨突厥的属民生活在顿河和库班河之间的草原地带。

拜占庭皇帝君士坦丁七世所著的《帝国的政治》中留下了关于马扎尔人的详细记载，很有意思的是，马扎尔人在其中被称为突厥人。今天研究匈牙利语的一些学者认为，匈牙利语可能与突厥语有着某种亲缘关系。

马扎尔人最早生活在库班河与顿河之间的草原地带，他们在这里生活了很长时间。在可萨突厥汗国兴盛时期，马扎尔人一直臣服于可萨突厥人。生活在顿河流域的马扎尔人忠实地为可萨突厥汗国守护着从黑海通往伏尔加河的商道，保护着往来商人的安全，从而保证了可萨突厥汗国能从过境商旅身上收取高额的关税。因此，马扎尔人对可萨突厥汗国的关税收入贡献较大。

马扎尔人尚处于氏族部落阶段，没有君主实施统治，只有部落首领。大约在9世纪前期，马扎尔人的一个部落首领里比地亚(Lebidia)在可萨突厥人的支持下统一了马扎尔人的7个部落，组成一个部落联盟。从此，马扎尔人把他们的居住地称为里比地亚，以纪念他们的首领。

为了笼络马扎尔人,可萨突厥汗王把一位贵族女子嫁给了里比地亚,从此扶立了一个傀儡政权。骁勇善战的马扎尔人臣服于可萨突厥人,为可萨突厥可汗而战。

5.5 东斯拉夫部落

在7世纪和8世纪的整个过程中,居住在喀尔巴阡山脉东北坡上的斯拉夫人东支,逐渐向东和东北退走,迁移到俄罗斯大平原上。东斯拉夫人迁徙的同时,可萨突厥人开始在黑海北岸以及顿河和第聂伯河之间的草原上巩固自己的权力。在8世纪的时候,可萨突厥人已经征服了接近草原地带的东斯拉夫许多部落,势力达到第聂伯河流域。

古代罗斯史料《往年纪事》中明确记载,臣服于可萨突厥人的东斯拉夫部落有波利安人(Bolians)、塞维里安人(Severians)、维亚吉奇人(Viatichians)以及拉基米奇人(Radimichians)。

波利安人,也称波良人,主要生活在第聂伯河中游南部地区,他们自称为基辅城的奠基者基伊、塞克和霍里夫三兄弟的后人。可萨突厥人向西扩张到第聂伯河中游地区时,征服了波利安人。

《往年纪事》中记载了一个颇有戏剧性的带有宿命色彩的故事:可萨突厥人到来时,波利安人生活在山间的森林里,受到德列夫利安人和周围一些部落的压迫。可萨突厥人强迫波利安人交纳贡赋,波利安人经过商量,决定每灶(每户人家)交纳一把剑。于是可萨突厥军队带着波利安人贡献的剑回到自己的国家,向可汗汇报。可萨人中的长老问他们从什么地方得来,他们回答说:在山间森林里,在第聂伯河河畔。长老又问:这些人贡奉的是什么物品?他们回答说是宝剑。长老们忧心忡忡地说:"这可不是珍贵的贡物。可汗啊,我们需要得到的贡物是单刃的利器——战刀,可是这些人贡献的武器是双刃的剑。这是不祥之兆,迟早有一天,他们会用剑来向我们征收贡赋的。"《往年纪事》的作者最后写道,这些话最终都应验了,因为现在罗斯人统治着可萨突厥人。可萨突厥汗国后来就是在基辅罗斯的进攻下覆亡的,汗国灭亡后许多可萨突厥人臣服于罗斯人。

可萨突厥人征服了波利安人后，基辅城就处于可萨突厥人的统治之下。直到9世纪60年代瓦良格人留里克（862—879年在位）应斯拉夫人的邀请，从海外来到诺夫哥罗德，建立政权，自称王公的时候，波利安人仍然在向可萨突厥人交纳贡赋。

可萨突厥人向波利安人等斯拉夫部落征收的贡赋包括货币和实物两种。据《往年纪事》记载，"哈扎尔人向波利安人、塞维里安人和维亚吉奇人征收［贡赋］——每灶交纳一块银币和一张灰鼠皮"。

可萨突厥人对东斯拉夫部落的统治一直维持到9世纪后期奥列格的征服为止。奥列格882年占领基辅后，先是征服了德列夫利安人，到884年继续向南扩张，征服了塞维里安人。奥列格向塞维里安人征收并不沉重的贡赋，禁止其继续向可萨突厥人交纳贡赋。奥列格说："可萨突厥人是我的敌人，你们没有必要再向他们支付贡赋。"

885年，奥列格派使者去拉基米奇人那里询问对方："你们向什么人纳贡？"他们回答："哈扎尔人。"于是奥列格对拉基米奇人宣布："你们不要向哈扎尔人纳贡，向我纳贡。"拉基米奇人把以前交纳给可萨突厥人的每户一希利亚格的钱，转而给奥列格。"希利亚格"是8世纪前，斯拉夫人在同法兰克人交易的过程中，从西日耳曼语借用的词汇，指的是一种货币的名称。罗斯人在弗拉基米尔大公铸造本国货币之前，曾广泛流通使用这种货币。

8世纪可萨突厥人征服了东斯拉夫诸部后，在罗斯南部草原确立了自己的统治，并以宗主国的身份保护着罗斯人（东斯拉夫人）和东方的贸易活动。可萨突厥人对东斯拉夫人的统治并不严酷，虽然剥夺了东斯拉夫人表面上的独立，却给予了他们很大的经济利益。从可萨突厥人统治东斯拉夫人的时候开始，草原上的河道对这些臣服于可萨突厥的第聂伯河居民开放了，使他们能够去往黑海和里海的市场。在可萨突厥人的保护下，第聂伯河流域的商业活动沿这些河流活跃地进行着。

6　独标一格的宗教选择

可萨突厥汗国经过近百年的扩张，在8世纪中期成为南俄草原上最强大的游牧政权。可萨突厥与阿拉伯人在高加索地区的争夺结果，是以高加索山脉为界，划出各自的势力范围；它与拜占庭人在克里米亚半岛的斗争也以可萨突厥的胜利而暂告一段落。

可萨突厥汗国甚至还与拜占庭人争夺对西格鲁吉亚的控制权，全力支持西格鲁吉亚的阿布哈兹（Abkhazia）摆脱拜占庭的统治，宣布独立。从523年开始，阿布哈兹就处于拜占庭的控制之下，成为拜占庭的属国，这里的居民受拜占庭的影响，大多信奉基督教。从766年开始统治阿布哈兹的大公雷翁（Leon）二世是可萨突厥可汗的外孙，786年，可萨突厥可汗支持雷翁，帮助他脱离拜占庭的统治，成功地获得独立，雷翁自称“阿布哈兹王”。10世纪时，阿布哈兹成为格鲁吉亚的一部分。

8世纪中期，拜占庭人为了笼络可萨突厥人，主动遣使求婚。可萨突厥可汗把女儿嫁给了利奥三世的儿子，这位公主带着丰厚的嫁妆前往君士坦丁堡成婚。可萨突厥公主本来的名字叫奇奇格，这是一个可萨语的名字，意思是“花儿”，这个名字在今天的蒙古族中也是女孩常取的名字。可萨突厥公主嫁到拜占庭后改名为伊琳娜，皈依了基督教。伊琳娜公主的丈夫后来继位为君士坦丁五世，他们共同生下一子，这位皇子人称“可萨人利奥”，他就是后来的拜占庭皇帝利奥四世（775—780年在位）。这位拥有哈扎尔血统的拜占庭皇帝就是两大帝国政治联合的产物。拜占庭之所以选择可萨突厥进行联姻，主要也是由于可萨突厥能够牵制并对付阿拉伯帝国。8世纪中期以后，可萨突厥汗国与拜占庭、阿拉伯帝国形成三足鼎立之势。也只有在此时，可萨突厥汗国才会作出独标一格的宗教选择。

可萨突厥汗国在鼎盛时期选择了犹太教作为王室的信仰，这在中世纪史上是非常特别的。可萨突厥国王之所以选择犹太教，主要是因为犹太教的背后没有任何政治势力的支持，可以保持自己在文化上的独立性。虽然基督教文明很早就影响到了可萨汗国，在可萨突厥国内有很多基督徒，两位嫁到拜占庭的可萨公主也都皈依了基督教，但是为了避免在宗教事务中受拜占庭的影响，可萨国王没有选择基督教。同样，可萨突厥国王也没有选择伊斯兰教。虽然阿拉伯人在737年用武力一度迫使可萨突厥可汗信仰伊斯兰教，但是可萨突厥人的皈依不过是权宜之计，随着阿拉伯国家的内乱，可萨突厥国王很快就放弃了伊斯兰教。

相对于当时的其他国家，可萨突厥汗国的选择充分说明了其强大。可萨突厥周围的许多其他民族和国家都在基督教和伊斯兰教之间作出了自己的选择。如伏尔加保加尔国为了维持与伊斯兰世界的商贸关系，对抗可萨突厥人，最终皈依了伊斯兰教；位于高加索中部的阿兰人则选择皈依基督教。唯独可萨突厥人独树一帜，选择了犹太教作为自己的国教，明显是想要与拜占庭的基督教文明和阿拉伯帝国的伊斯兰文明分庭抗礼。

可萨突厥汗国是一个对宗教十分宽容的国家，穆斯林文献中大量保存了有关可萨国内多种宗教并存的记载。据贝赫里(al-Bekri)记载："大部分可萨突厥人是穆斯林和基督徒，但是他们中也有偶像崇拜者，他们中的一部分人以及他们的国王信奉犹太教。"伊斯塔赫里也称可萨国王是犹太人，"据说他的信徒有四千人左右。可萨突厥人中有穆斯林、基督徒和犹太人，他们当中还有大量的偶像崇拜者。虽然国王及王室都是犹太人，但是人数最少的就是犹太人，他们中的大多数是穆斯林和基督徒"。马苏第在《黄金草原》中也提到可萨首都阿得尔的居民"由伊斯兰教徒、基督徒、犹太人和异教徒组成"。

可萨突厥人作为游牧民族，其原始的宗教信仰崇尚万物有灵，比起一神教信仰更为宽容一些，因此在中世纪备受压制和排挤的犹太教在可萨突厥汗国也得到了发展，并在可萨汗国的上层贵族中得到传播。虽然可萨突厥汗国的统治阶层信仰了犹太教，但是可汗没有介入到宗教事务中,他为所有的宗教信仰提供了极度的自由。他并没有采用犹太教的法典来断案,而是尊重各种宗教的实际情况,依据各种宗教的律法,分别为每种宗教的信徒设立了法官。可萨突厥汗国首都有7名宗教法官,2名为伊斯兰教徒,2名为依据《妥拉》断案的可萨突厥人,2名为按照《摩西五书》行事的基督徒,1名为异教徒,根据异教法判决。

6.1 可萨突厥人的原始信仰

可萨突厥人作为游牧民族,其最初的信仰与突厥人类似。虽然可萨突厥的统治阶层后来信奉了犹太教,但是大多数平民仍然保持原来的信仰。如同其他突厥部落一样,他们崇拜独一无二的上天,也崇拜自然界的各种事物和祖先。

可萨突厥人选立可汗时的仪式很典型地体现出天神崇拜的观念。这个仪式是突厥人早期选立可汗的一种旧制,与突厥人敬日拜天的习俗有关。显然正是阿史那突厥人把这一习俗带给了可萨突厥人。可萨突厥人认为可汗在迷狂的状态下能够沟通“神意”,进而把神的旨意借可汗之口说出来。这种选立可汗的习俗正是敬日拜天的宗教习俗在继位仪式上的反映。

可萨突厥人还崇拜自然界的各种生物,在他们的原始信仰中认为万物有灵。天上有天神,水中有水神,日月星辰都是神灵,花草树木也都有灵性。可萨突厥人也崇拜树木,尤其是枝繁叶茂的树。在可萨突厥人看来,祭拜生命力旺盛的树木可以带来好运,他们期望自己的生命也能像树木一样旺盛,同时能像树木一样开枝散叶,繁衍后代。可萨突厥人会宰杀马匹,把马血涂抹在树上,把马头和马皮挂在树上,以此献给神灵。

可萨突厥人还有杀死敌人战马进行祭祀的习俗。在战争获胜后,他们会宰杀敌军的马皮,割下骏马的耳朵,切下它们的鼻子,割下马的鬃毛和额发,取下马尾,剥皮剔骨,然后重新拼成一匹马的形状,最后把这匹“马”挂在杆子上进行祭祀。

可萨突厥人的这种万物有灵的观念是在草原游牧民族中常见的一种世界观,正是这种多神信仰,使得可萨突厥人能够比较宽容地对待其他宗教。因此,在可萨突厥汗国,各种宗教和平地共处,甚至备受歧视的犹太教也在这里找到了避难所。

6.2 皈依犹太教

可萨突厥汗国控制的克里米亚地区和北高加索地区,一直以来都有很多犹太人生活在这里。

犹太人原来是居住在阿拉伯半岛的一个游牧民族,最初被称为希伯来人,意思是“游牧的人”。根据记载他们历史的《圣经·旧约》(犹太人称《塔那赫》)传说,他们的远祖亚伯拉罕(阿拉伯语发音为易卜拉欣)原来居住在苏美尔人的乌尔帝国附近,后来迁移到迦南(今以色列、巴勒斯坦一带)。亚伯拉罕的孙子雅各(阿拉伯语发音为叶尔孤白)是犹太人的祖先,他后来改名叫以色列,所以犹太人也称为以色列人。雅各的12个儿子分别形成了以色列人的12个部落。

以色列人后来因为遭遇荒年而迁移到埃及,受到当时统治埃及的西克索斯人的优待,居住在尼罗河下游,转变为农业民族。西克索斯人被赶出埃及后,以色列人的地位急剧下降,沦为埃及人的奴隶。因为不堪忍受埃及法老的奴役,摩西(阿拉伯语发音为穆萨)率领以色列人成功地逃脱了法老军队的追击,出埃及,越红海,到达西奈半岛,给以色列人带来了新生,揭开了犹太历史的新篇章。

在出埃及来到西奈半岛后,摩西在西奈山接受上帝的启示,为以色列人确立下了10条基本戒律和其他诸种法律。这10条基本戒律是:我是耶和华,你们的上帝;不可制造并崇拜偶像;不可妄称上帝的名;要守安息日;要孝敬父母;不可谋杀;不可奸淫;不可偷盗;不可作假证;不可贪恋别人的房屋、妻子、仆婢、牛驴和财物。这就是著名的“摩西十戒”。摩西在西奈山领受上帝赐予的法律,并确认以色列人和上帝之间的牢不可破的契约关系，标志着犹太教的正式形成。从此，以色列人自认为是上帝的特选子民，和上帝保持一种特别的关系，这种选民意识连同上帝启示的法律就成了维系犹太民族的独特的强有力的纽带。

摩西去世后，以色列人经过无数次大大小小的战役，夺取了大致为现在的以色列和约旦的地盘，具有了可靠的根据地。后来，军事首领扫罗(Saul)建立了君主制国家。扫罗之后，大卫(David)继任国王。大卫定都耶路撒冷，在位40年(公元前1013—前973年)，进一步统一和壮大了以色列国。以色列在大卫的儿子所罗门(阿拉伯人称为苏莱曼大帝)担任国王期间达到鼎盛。所罗门在耶路撒冷建造了巍峨壮观的圣殿，史称第一圣殿。圣殿是存放约柜的地方，也是以色列人举行献祭等神圣典礼的场所。所罗门死后，国家分裂为北方的以色列王国和南方的犹太王国。公元前721年，亚述人攻克以色列，其人民被掠往亚述，后逐渐同化、消失。南方的犹太王国于公元前586年被新巴比伦国王尼布甲尼撒二世灭亡，民众被迫流亡巴比伦近50年，史称“巴比伦之囚”。公元前539年，波斯国王居鲁士打败新巴比伦帝国，发敕令让犹太人重返家园。回到故国的犹太人重建了圣殿，史称第二圣殿。

在波斯帝国统治迦南的200多年中，犹太人享有较大程度的自治，生活富足，安居乐业。此后又经历了亚历山大帝国的统治。公元前63年，罗马大军进入巴勒斯坦，取代了希腊人在这里的统治。不久，亲罗马帝国的犹太人希律(Herod)控制了巴勒斯坦的大部，并成为傀儡政权的王。希律王死后，他的3个儿子瓜分了这个地区，以后内乱不断。罗马人对犹太人的统治激起了犹太人的反抗，一次次的起义被残酷镇压。公元70年，圣城耶路撒冷被罗马大军攻破，圣殿被拆毁。公元135年，犹太人被全部赶出耶路撒冷，他们被迫流亡到世界各地。

一些犹太人辗转经过叙利亚、小亚细亚等地来到克里米亚地区和北高加索地区。萨珊波斯王朝统治时期，波斯国王曾试图强迫犹太人皈依自己信奉的琐罗亚斯德教(也称为袄教)，波斯的犹太人为了免遭迫害，被迫移民到北高加索地区。

在可萨突厥汗国建立之前，克里米亚的刻赤半岛、塔曼半岛的伐纳戈里亚以及克里米亚半岛西北部的奥尔比亚（Olbia）等地都生活着许多犹太人，今天在这些地方的大量考古发现证实了这一点。克里米亚地区的犹太人利用这里独特的地理位置，一直与黑海南部的希腊—罗马世界保持着密切的经济联系，同时他们也活跃在通往东方的贸易通道上。可萨突厥汗国建立后，这些地区的犹太人在可萨突厥的商业贸易活动中发挥了积极的作用。

与同时代的信奉一神教的拜占庭人和阿拉伯人相比，可萨突厥人对其他宗教更加宽容。因此，可萨突厥汗国成了犹太人逃避宗教迫害的一个避难所。

拜占庭的好几位皇帝都曾实行过强迫犹太人受洗皈依基督教的政策。630—632 年前后，希拉克略一世颁布法令，要求帝国内所有犹太人都必须改宗基督教。利奥三世（Leo Ⅲ，717—741 年在位）统治时期，因实行迫使犹太人皈依基督教的政策，导致犹太人在 722 年前后不断逃离拜占庭。在接下来的一个世纪里，拜占庭持续不断地迫害和威胁着犹太人。9 世纪 60 年代，瓦西里一世（Basil Ⅰ，867—886 年在位）也试图通过法令迫使拜占庭的犹太人改宗，但其劝诱改宗计划没有成功，于是开始采取强硬措施。9 世纪末，拜占庭的法令规定，犹太人不能担任公职，不能与基督教徒通婚，也不能奴役基督徒。犹太人不能阅读希伯来文的《圣经》，而必须阅读希腊文的《圣经》。如果有犹太人试图劝说基督徒改变宗教信仰，那么他将被处死，而且财产也要被没收充公。此外，犹太人不能建立新的犹太教堂，也不能出庭为基督徒作证。10 世纪，拜占庭帝国对犹太人的迫害空前加强。罗曼努斯一世（Romanus Ⅰ，920—944 年在位）强迫犹太人改宗的行动导致数百名犹太人遇害，许多犹太教堂遭到破坏。

拜占庭帝国的反犹政策迫使大批犹太人前往可萨突厥汗国躲避。也有大量犹太人从巴格达、亚美尼亚甚至呼罗珊等地经由里海来到可萨汗国避难。这些先后来到可萨突厥汗国的犹太人在一定程度上影响了可萨突厥人后来的宗教选择。

可萨突厥王室到底什么时候皈依了犹太教，目前还没有定论。

中世纪著名的西班牙犹太学者犹大·哈列维（Judah Ha-Levi）于1140年用阿拉伯语写成其代表作《哈扎尔》（*The Khazar*），后来另一位犹太学者把书翻译成希伯来语，名为《库札里》（*Kuzari*）。书中哈列维提到可萨突厥国王在400年前皈依了犹太教，于是一些学者据此推断可萨突厥人在740年皈依了犹太教。哈列维此书全名为《库札里——为被鄙弃的信仰辩护》，具有强烈的民族主义情绪，是一部为犹太教信仰辩护的杰作。作者采用一位犹太学者与可萨国王布兰之间对话的形式来阐明自己的哲学观点。该书并非历史著作，而是哈列维的哲学著作，而且他记载的400年只是一个大概的数字，不能据此来推算可萨突厥人信仰犹太教的时间。

在阿拉伯地理学家的记载中几乎都提到可萨国王和可汗信仰犹太教，但是只有马苏第给出了具体的时间。根据马苏第的记载，可萨突厥人是在阿拔斯王朝的哈伦·赖世德哈里发（786—809年在位）时期皈依犹太教的。这一记载是比较可信的。8世纪末期的可萨汗国正处于鼎盛时期，只有此时的可萨汗国才有如此决心和魄力来决定自己的信仰。

至于可萨突厥人是如何皈依犹太教的，信仰不同宗教的人给出了不同的说法。

按照穆斯林文献的记载，可萨突厥国王一开始信奉了基督教，但是他看到基督教受到不良影响而变得腐化堕落，感到非常困惑和痛苦。于是国王向一位智者求助，询问他到底该信仰什么宗教。智者对国王说："哦，我的陛下，拥有圣经的人有三类，分别是犹太人、基督徒和穆斯林。您派人去把这三类人都找来，询问他们的教义，然后信奉他们中真正拥有真理的那种宗教吧。"国王采纳了他的建议，于是派人找来了一位基督教的主教和一位擅长辩论的犹太人，两人在国王的宫殿展开了辩论。犹太人对主教说："你怎么看待阿姆拉姆的儿子摩西以及上帝降示给他的法典？"主教说："摩西是一位先知，他的法典是真理。"然后犹太人对国王说："您看吧，这位主教已经承认了我们伟大的圣人摩西是先知，而且承认上帝降示给摩西的法典是真理。那么请您问问他关于他自己的信仰的事情。”因此，国王询问了主教，主教回答说：“我宣布，基督——玛利亚的儿子耶稣说的是真理，他是至尊、全能的上帝派遣的神迹的揭示者。”犹太人对国王说：“这位主教宣称的东西我并不承认，他说的不是真理。但是他已经承认了我说的是真理，因此您应该知道谁说的是真理了。”主教无力辩驳，只好离去。国王又派人去找穆斯林来与犹太人辩论。穆斯林们让一位博学、英明而又长于辩论的人去见国王，但是那个犹太人秘密地派人截住了这位穆斯林并把他毒死在路上。因此，犹太人成功地让可萨突厥国王皈依了自己的宗教，成了犹太教徒。

按照基督徒的说法，在860年左右，可萨突厥使节来到君士坦丁堡，请求派遣一位神父前往可萨突厥汗国。使臣说道：“我们一直信仰天神腾格里，他主宰着世间的一切，我们面向东方朝拜他。但是现在犹太人向我们传教，希望我们接受他们的信仰和习俗；阿拉伯人也希望我们信仰他们的宗教，还许诺与我们和平相处并赠送我们珍贵的礼物。我们的汗王想请一位神父与犹太人和穆斯林进行宗教辩论，因此请派一位神父与我们回国吧。”

拜占庭皇帝米歇尔三世（842—867年在位）派遣圣徒西里尔（Cyril）和梅塞德乌斯（Methodius）出使可萨突厥。这位西里尔就是那位成功在斯拉夫人地区传教并帮助斯拉夫人创制字母的圣徒西里尔，也被称为君士坦丁，今天俄罗斯人使用的字母就是他在希腊字母基础上创制的，因此也称为西里尔字母。

在去可萨突厥之前，西里尔和梅塞德乌斯在克里米亚待了一段时间，学会了可萨语。然后他们穿过顿河和阿得尔河，于861年夏天到达可萨突厥的首都阿得尔。在宗教辩论会上，可萨突厥可汗告诉西里尔说：“我的人民相信只有一个上帝，但是我们不相信你们基督教所说的圣父、圣子、圣灵三位一体。”西里尔详细地向可汗解释了基督教的教义，并宣称可汗如果不皈依基督教的话，将会有厄运。西里尔娴熟的辩论技巧给可汗留下了深刻的印象，但最终可萨突厥可汗还是没有选择基督教，而是选择皈依犹太教。不过西里尔成功说服可汗释放了拜占庭俘虏，还在一些可萨贵族中传教，使200多人皈依了基督教。

犹太人的记载中最著名的是两封被称为“可萨信件”的希伯来文信件，这两封信件出自西班牙人沙普鲁和可萨犹太国王约瑟夫之手。犹太人哈斯代·伊本·沙普鲁(Hasdai ibn Shaprut)是西班牙科尔多瓦的伍麦叶王朝著名的御医，生于915年，卒于970年。他听说东方的可萨突厥汗国是一个犹太王国，于是去信和可萨突厥人联系，询问可萨突厥的历史、地理和宗教信仰情况。可萨突厥国王约瑟夫大约在955年左右回信给沙普鲁，信中介绍了可萨突厥汗国的基本情况以及可萨突厥人是如何皈依犹太教的。

约瑟夫国王在信中说，可萨突厥人在布兰国王统治的时候皈依了犹太教。布兰国王是一位伟大的君主，有一天晚上，一位天使在布兰国王的梦中显灵，规劝他信奉唯一的真神；作为交换条件，天使许诺他将祈福使布兰的后代繁盛，帮助他们消灭敌人，使他的王国持续到世界末日。布兰国王很乐意成为上帝的仆人，但是他却遇上了难题，他祈求道：“我的主啊，你最了解我心中的秘密，您已摸清了我的脾气，确定了我对您的信任。但是我统治的人民有着异教徒的想法，我不知道他们是否会相信我。如果我能在您眼中看到恩宠与仁慈，那么我恳求您显灵吧，让我的人民支持我！”

信中继续讲述了天使如何再次出现在国王的梦中，并吩咐他为上帝建造一座居所，布兰国王尴尬地回答说：“虽然这是我的职责，而我也很想实现上帝的愿望，但是我却没有足够的钱来完成这一事业。”天使向布兰国王保证，他所要做的就是率领其军队进入亚美尼亚的阿尔达比勒，在那里有许多金银财宝在等着他。布兰国王遵照天使的吩咐出兵，果然带着许多战利品凯旋，于是他兑现了自己的承诺，修建了一所教堂。

可萨突厥军队征服亚美尼亚之后，布兰国王的名声传遍了所有国家。拜占庭皇帝和阿拉伯的哈里发听说这一消息后，就派遣使者带着珍贵的礼物和金钱，以及博学之人去说服布兰国王皈依自己的宗教。

布兰国王很聪明地派出一位更为博学而富有智慧的犹太拉比，让三位学者聚集在一起辩论，并声称谁胜出他就皈依谁的宗教。

这次宗教大辩论在可萨突厥汗国的宫廷中举行。基督教的神父、伊斯兰教的毛拉和犹太教的拉比都试图向布兰国王解释自己宗教的好处。辩论大会进行得空泛而冗长，三天之后，布兰国王分别召见基督教徒和穆斯林，向他们提出同一个问题：在基督教、伊斯兰教和犹太教三种宗教中，除了他们自己的宗教外，另外两种宗教哪一种更加接近真理呢？基督教神父和伊斯兰教毛拉都给出了同样的答案："犹太教。"国王最终明白犹太教是基督教和伊斯兰教这两个一神教的根源，于是国王宣布自己皈依犹太教。

虽然基督徒、穆斯林和犹太人的记载各有不同，但是在可萨突厥汗国确实曾经有过一场宗教大辩论，而且在这之后可萨突厥王室皈依了犹太教。从此，可萨突厥汗国成为一个信奉犹太教的犹太汗国。虽然可汗和他的贵族们都信仰犹太教，但是犹太教没有成为可萨突厥人的主流信仰，许多可萨突厥人仍然保持自己传统的信仰。

可萨突厥王室信奉了犹太教后，实行保护犹太人的政策，伊本·法德兰记载："当可萨国王在922年听说有穆斯林毁坏了犹太教堂时，他下令毁坏了汗国首都一座清真寺的尖塔并杀死了宣礼者。可萨国王说，如果我不是害怕犹太教堂在伊斯兰土地上一所都不剩的话，我肯定会毁掉这座清真寺的。"可萨突厥汗国因此成为犹太人的避难所。拜占庭皇帝罗曼努斯一世迫使其帝国中的犹太人皈依基督教，大量犹太人争相逃离罗马地区，前往可萨突厥避难。

犹太学者凯斯特勒在他的著作《第十三个部落》中把可萨突厥人称为犹太人的第十三支，他说："无论是在皈依之前还是之后，历史对那些习惯逃亡或被驱赶出境者唯一的仁慈就是可萨王国的存在。在此之前，它是流亡者的避难所；在此之后，它成为一个民族的家园。"

布兰国王皈依犹太教后，许多贵族也纷纷效法。犹太教成为可萨突厥汗国上层统治者的信仰。后来，布兰国王的孙子奥巴迪亚赫(Obadiah)大力推行犹太教，在汗国内建立了许多犹太教堂和犹太教学校，重金聘请了很多犹太教的拉比前往可萨突厥汗国。拉比是犹太人中的一个特别阶层，主要为有学问的学者，是老师，也是智者的象征。犹太人的拉比社会功能广泛，尤其在宗教中扮演重要角色，为许多犹太教仪式中的主持。因此，拉比的社会地位十分尊崇，连君王也经常邀请拉比进宫教导。

犹太教拉比不但为奥巴迪亚赫国王详细解释犹太教的《妥拉》、《塔木德》等24部经典，而且还为他讲授犹太教祈祷的仪式和程序，以及犹太教教法。在国王的大力推崇下，可萨突厥汗国建立起了完整的犹太教信仰体系。

随着国内犹太教徒的增多，犹太人使用的希伯来文也在可萨突厥汗国广泛使用。王室成员和许多贵族都开始学习和使用希伯来文，前面提到的约瑟夫国王给西班牙犹太人沙普鲁的信就是用希伯来文写成的，保存到今天的可萨突厥人自己留下来的几份重要文献也都是希伯来文文献。其中的一封信件用希伯来文写成，同时在信件的左下角还留下了用古代突厥文写成的一行批复文字：oqurüm，意思是“我已经读过了”。这份文献表明，可萨突厥汗国通行古代突厥文和希伯来文两种文字。

可萨突厥汗国作为操突厥语的民族建立的游牧汗国，在中世纪选择犹太教，成为一个犹太汗国，这在世界史上是非常独特的。犹太文化和突厥文化在汗国内同时存在，可萨突厥人并没有因为接受了犹太教信仰，而抛弃了自己的传统。可萨人深受突厥文化的影响，即使在皈依犹太教后仍然保留着许多突厥人的习俗和意识。例如，在可萨突厥境内出土了许多带有太阳标志的护身符，它们很可能同突厥的天神崇拜有关。可萨突厥国王约瑟夫在写给沙普鲁的信中，一方面称自己的部族是诺亚之子雅弗（Japheth）的子孙，另一方面又解释说，可萨突厥是突厥人的十子之一，并说自己是突厥王。在今天发掘的可萨突厥墓葬中，犹太教的七支烛台、六角的大卫星与突厥人的部落符号被刻画在同一块墓碑的两面，这充分说明了可萨突厥人文化的多元性。

6.3 汗国的其他宗教

伊本·胡尔达兹比赫的《道里邦国志》提到，在可萨的首都“有穆斯林，他们拥有清真寺、伊玛目、报告礼拜时间的人以及学校”。根据研究，学者们普遍认为其中有关可萨的史料来源于9世纪中期的al-Jarmi的记载，因此，这段记载反映的是9世纪前期可萨的情况。《道里邦国志》在谈论各地穆斯林做礼拜的朝向时提到了可萨突厥人礼拜的方向，这说明在作者所处的时代，生活在可萨汗国的穆斯林已经很多了。伊斯塔赫里称，“据说在城市里有一万多穆斯林，他们拥有大约三十座清真寺”，马苏第也记载了可萨国王的王家部队中有7000名穆斯林。

可萨汗国的穆斯林大部分是来自花剌子模的移民，这些移民主要由雇佣军和商人组成。据马苏第记载，被称为“艾尔西叶”的人起源于花剌子模附近，很早就前来可萨突厥定居，他们组成了可萨汗国的王家部队，受到可萨国王的信任。他们可以自由信仰自己的宗教，可以拥有清真寺，公开宣扬祈祷。每当可萨国王与伊斯兰教徒们发生战争时，那些在其军队服役的穆斯林就单独驻扎在另外的一个军营中，不攻击他们的教友，但他们向所有不信奉一神教的偶像崇拜者发动战争。

前往可萨汗国的穆斯林中还有一部分是商人或手工业者，他们由于国王在那里维持的法制和安全而前来该国定居。除了一个从其尖塔上可以俯瞰王宫的大型清真寺之外，他们还拥有其他几座清真寺，向儿童讲授《古兰经》的学校也并入这些清真寺中了。在可萨的首都阿得尔，整个城市划分为东西两个部分，其中“东边部分大多数是商人、穆斯林和商品。西边居住着国王和他的王室、军队以及纯种的可萨突厥人”。显然可萨都城的东部是商贸中心，商人们主要在此交易，这里也是货物的集散地；而西部则是可萨汗国的行政中心，除了统治阶层外，主要是游牧的可萨突厥人在此生活。但是游牧人并非整年都居住在都城，他们到了夏天还要迁徙到别的地方。

在穆斯林史料中还保存了可萨国的最高统治者两次皈依伊斯兰教的记载。第一次是在737年麦尔旺大败可萨突厥人，攻占了可萨都城后，阿拉伯将军强迫可萨国王皈依伊斯兰教。这一史实保存在巴拉祖里的记载中。当然可萨国王的这种皈依只是权宜之计，最终可萨可汗没有选择伊斯兰教，而是选择了犹太教作为自己的信仰。不过，穆斯林军队留下了两位学者，负责传播伊斯兰教。他们到底让多少可萨突厥人皈依了伊斯兰教，于史无证；但是随着大量穆斯林移民的到来，伊斯兰教在可萨汗国得到了传播。第二次是在965年罗斯人和古斯人攻击了可萨后，可萨国王不得不寻求花剌子模人的帮助，而花剌子模人提出的条件就是可萨突厥人必须皈依伊斯兰教，于是可萨突厥人中除了国王之外都被迫皈依了伊斯兰教。根据伊本·阿西尔的记载，甚至可萨的国王最后也成了穆斯林。这两次记载都有一些夸大的成分，伊斯兰教在可萨汗国的统治阶层中始终没有成为主流信仰。

基督教于6世纪开始传播到高加索、阿塞拜疆和南部俄罗斯。7世纪后期，阿尔巴尼亚人成功地向高加索匈人传教，使匈人首领砍倒了神树，建立了教堂，最终皈依了基督教。据亚美尼亚史料记载，阿尔巴尼亚主教 Israyēl"使可萨突厥人和匈人的许多土地都皈依了基督教"。基督教在可萨突厥人中流行开来，尤其是在拜占庭和克里米亚的边界地区很流行。拜占庭人在克里米亚许多具有战略意义的地方建立了东正教主教辖区。8世纪时在多罗斯、刻赤、苏达克和赫尔松就有主教辖区，另外在塔曼半岛附近的地方以及可萨的首都阿得尔也都有主教辖区。

可萨突厥的基督徒还是保持了与君士坦丁堡教会的联系。10世纪初期，可萨的基督教徒到君士坦丁堡请求其大主教尼科拉斯(Nikolas I Mystikos)为他们派遣一位可以任命神父并教授宗教的主教。尼科拉斯得知后于920年写信给赫尔松的大主教，让他安排主教，并敦促他继续努力保持可萨突厥人的基督教信仰。

宽容的宗教政策使可萨汗国成为各种信仰的聚集之地，无论是受一神教国家歧视的多神信仰，还是伊斯兰教、犹太教、基督教这三大一神教，都友好地并存于可萨汗国中，这充分体现出可萨突厥人传统文化的包容性。不同信仰的人们带给可萨汗国不同的文化，促进了可萨国内文化的繁荣和宗教的发展，使可萨汗国成为阿拉伯地理学家笔下富饶、文明的国度。

7　中世纪贸易中转站

8 世纪前期,可萨突厥汗国与阿拉伯帝国在高加索地区展开激烈的争战,为了汗国统治中心的安全,可萨突厥人两次迁都,最终在伏尔加河河口的阿得尔定居下来。阿得尔城位于伏尔加河下游河口处,一般认为就是今天俄罗斯的阿斯特拉罕(Astrakhan)。从此可萨汗国以伏尔加河下游为统治中心,逐渐从一个逐水草而居的以游牧生活为主的游牧汗国向一个大力发展对外贸易的商业国家转变。

可萨汗国著名的首都阿得尔是一个巨大的商业贸易中心,地理上的便利使这里迅速地发展起来,吸引了各地的商人前来这里进行交易。

伏尔加河把城市分成东西两个部分。西边为可萨突厥汗国的政治中心,汗国的统治阶层都生活在这里,军队主力也驻扎于此。西城面积比较大,大约有 1 里格(相当于 3 英里)见方。城市周围有坚固的城墙,4 个城门中有 1 个临河,另外 3 个城门通向城外的草原。城中除了少量泥土房之外,大多是毡房。只有可汗的房子是砖房,可汗不允许其臣民拥有砖房。前面提到,伊斯塔赫里记载,“西边居住着国王和他的王室、军队以及纯种的可萨突厥人”,很显然“纯种的可萨突厥人”指的是那些仍然过着游牧生活,与定居民族有明显区别的可萨突厥人。东边的部分是定居民族生活的区域,也是国家的商贸中心,大量的商人云集于此,穆斯林和普通平民大多生活在这里。东城中拥有许多市场和浴室,来自各国的商人在这里进行贸易,或是在这里转运他们的货物。

2008 年 9 月,俄罗斯阿斯特拉罕大学教授瓦斯耶夫宣称,他率领的考古队在里海阿斯特拉罕港西南部沼泽平原经过 9 年,发掘出了可萨汗国的首都阿得尔。这一考古发现引起了学者们强烈的兴趣,发掘出的大批文物,包括三角形堡垒火砖地基、圆顶帐篷式建筑地基,以及

8至9世纪的陶瓷、铠甲、木制厨具、玻璃器皿、珠宝、船舶等。考古发现与零星的文献记载相吻合,可萨汗国的首都确实曾经非常繁华。

可萨突厥汗国以阿得尔为中心,控制着东达乌拉尔河,西抵第聂伯河,北至伏尔加河中游,南临高加索山脉的广大领土。作为南俄草原霸主的可萨突厥汗国凭借强大的军事力量,维持着东西方贸易往来的顺畅,汗国本身也依靠收取过境贸易的关税而迅速发展起来。此时的可萨突厥人不再完全依靠劫掠为生,而是十分巧妙地利用自己优越的地理位置,充当各国贸易的保护者,进而获取高额的利润。

伏尔加河横贯欧亚大草原,最后注入里海,是天然的贸易通道。东西方的商队来往穿梭其间,从这里人们可以到拜占庭(并从此进入西方)或是伊斯兰的土地。从东西南北4个方向,伏尔加河及其支流(罗斯编年史称它有70条支流)共同构成了一个巨大的商业网络,一头可以到达发达的地中海世界(中部欧洲、伊斯兰世界和基督教世界),另一头联系着同样发达的中亚地区以及日益发展的突厥人的城市。在西方,伏尔加河通过顿河—顿涅茨河的水路以及陆路到达基辅,与西欧(通过斯拉夫国家的陆路到达日耳曼人的国家)和拜占庭(经过第涅伯河—黑海路线)联系起来。在北方,它把盛产琥珀的波罗的海地区纳入其贸易体系。通过这条商道,琥珀被带到地中海的伊斯兰世界,在那里它价值不菲。在南方,船只定期沿着伏尔加河驶往里海,然后紧靠海岸行驶,到达波斯,再由此到达巴格达。在东方,经过陆路和卡马河(Kama),伏尔加河与乌拉尔地区、西伯利亚以及花剌子模联系起来。经由咸海草原,从谷尔干只(Gurganj)到阿得尔和伏尔加保加尔的陆路线路也被使用。

7.1 丝绸之路"北道"

丝绸之路是以古代中国长安为起点,经过陇西高原、河西走廊和今新疆地区,进而连接中亚、南亚、西亚和欧洲、非洲的一条陆路通道。丝绸之路的历史可以追寻到遥远的古代,但是"丝绸之路"这一名称,到19世纪70年代才开始出现。当时德国地理学家李希霍芬(1823—1905年)在其所著的《中国》一书中,首次把连接中国与中亚河中地区以及中国和印度之间以丝绸贸易为媒介的这条西域交通路线称为"Seidenstrasse",英文译为"Silk Road",中文译为"丝绸之路"。

7—9世纪是丝绸之路发展的顶峰。隋朝的统一为唐代的空前繁荣奠定了基础,唐朝西部边界达到葱岭。唐朝前期,社会财富极其丰富,社会经济文化有了巨大发展,其影响远达中亚、西亚、南亚。这时,虽然罗马帝国早已分裂,西罗马帝国也已灭亡,但拜占庭帝国却雄踞于地中海东岸及小亚细亚,萨珊王朝、中亚和南亚诸国与唐朝仍然是丝绸之路上重要的贸易伙伴,也使丝绸之路上的交往更加频繁。7世纪中叶,阿拉伯伊斯兰国家强大起来。至8世纪中叶,阿拉伯阿拔斯王朝向东扩张,控制了西达印度河及中亚的广大地区,与唐朝西疆交界。当时唐朝由于安史之乱以及吐蕃势力北上,造成西部衰落,但因其整个经济发展基础雄厚,加之北方回纥人的中转作用以及阿拉伯阿拔斯朝及其商人们对从事国际贸易和文化交流的极大热情,丝绸之路仍然十分繁荣。

在7世纪初,隋朝的裴矩撰写《西域图记》3卷,全书已经亡佚,只有序幸得保存,使我们得以窥见当时丝绸之路的盛况。根据裴矩的记载,当时从敦煌出发到地中海的商业路线共有3条,分别是北道、中道和南道。其中北道从伊吾(今哈密),通过天山北麓山前地带与古尔班通古特沙漠南缘之间,经由游牧的铁勒部再到突厥可汗的王庭碎叶(今吉尔吉斯斯坦托克马克的阿克别谢姆村),之后渡过向北流的河水,最后到达拂菻国(拜占庭)。

裴矩虽然没有详细记载从碎叶到拂菻国的道路怎么走,但是他提到了要经过向北流的河流。从碎叶出发,向北流的河流有锡尔河、乌拉尔河和伏尔加河等河流,显然裴矩记载的这条通往拜占庭的通道就是突厥可汗派遣粟特使者前往拜占庭联盟时所走的那条道路,后来拜占庭使者蔡马库斯出使突厥也是经过这条通道。当时蔡马库斯率使团跨过锡尔河,沿咸海边,过恩巴河、乌拉尔河、伏尔加河,经里海东北岸,从高加索中部到达黑海岸边，再乘船经由水路，于571年秋到达君士坦丁堡。

这条道路成为突厥汗国与拜占庭通使的重要通道，也是当时粟特人经商的一条商业通道。西突厥汗国灭亡后，可萨突厥汗国成为从敦煌到拂菻的北道上重要的中转站。7—9世纪，正当我国的隋唐时期，强盛的唐朝与拜占庭的商贸往来一直是经由这条北道进行的，可萨突厥人正是在其中起到了重要的作用。这一点已经被越来越多的文书和文物所证实。1973—1974年，在北高加索西部的库班河上源，发掘了莫谢瓦亚·巴尔卡墓葬群及其东面的墓葬群，出土了多种来源的丝绢。其中中国产品约占23.9%和9.4%；还发现了汉文文书和以唐人骑马图为内容的绢画，断代为8—9世纪，反映出在这一时期高加索地区与中国有一定规模的商品交流。

阿拉伯地理学家伊本·胡尔达兹比赫在其著作中提到了一条拉赞尼亚的犹太商人经商的路线，大体相当于北道。这条商路从拜占庭经由东斯拉夫诸部，到达可萨突厥的首都阿得尔，从阿得尔的河口上船渡过里海，到达里海东南岸的戈尔甘，再经由花剌子模到今阿富汗北部的巴里黑(Balkh)，从这里通过河中地区，越过锡尔河，经过突厥诸部占领的地方，到达回鹘人的领地，最后再进入中原地区。

这条商路之所以要绕道花剌子模和河中地区，是由于西突厥汗国灭亡后，突厥各部落在中亚北方草原上各自为政，经常劫掠来往商旅，因此裴矩所记载的那条直接从咸海北部草原地带行走的道路在此时不太安全。但是，无论是否直接从草原地带通行，这条北道都要经过可萨突厥的都城阿得尔，因此可萨突厥汗国在这条商路上具有重要的作用。

从可萨突厥首都阿得尔出发过里海到达巴里黑，这段路程经行的是花剌子模。花剌子模地处里海东岸，咸海西南，在我国唐代史料中被称为火寻、货利习弥。根据《新唐书·西域传》的记载，花剌子模的西北边毗邻突厥曷萨，这里的突厥曷萨就是可萨突厥汗国。花剌子模长期以来一直是可萨突厥汗国的友好邻居，与可萨突厥人保持着密切的联系。从很早开始,花剌子模的穆斯林就大量迁往可萨突厥汗国。根据马苏第的记载,可萨突厥国王的禁卫军“艾尔西叶”就是由花剌子模移民组成的,这支大约7000人的穆斯林军队是可萨突厥国王非常信赖的亲信部队;可萨突厥汗国的宰相也通常在善于理财和经商的花剌子模穆斯林中挑选。

根据唐代史料的记载,从唐玄宗天宝十年到十四年(751—755年),花剌子模曾3次前往长安入贡,贡品包括紫貂皮、白玉、石蜜和黑盐。花剌子模人带到中原的这些货物都不是当地的特产,而是经由可萨突厥汗国转运而来的。

中亚河中地区的粟特(Sogdiana)人也是活跃在这条商路上的商人。粟特地区,也称为索格底亚那,主要指的是中亚阿姆河和锡尔河之间以撒马尔罕和布哈拉为中心的河中地区。粟特人在突厥汗国时代就曾作为突厥汗王的使臣出使拜占庭,他们是沟通东西方贸易的重要力量,是当时丝绸之路上最活跃的商业势力,同中国有着密切的贸易往来。

6世纪末到7世纪中期,突厥汗国曾长期控制粟特诸国,此后直到8世纪前期,突厥部族还和那里有着密切的政治联系。粟特人与突厥人通婚、杂居,在突厥汗国享有较高的政治地位。粟特文化和突厥文化之间互相交流,进而相互渗透。粟特人在中原与突厥之间的经济与政治交往中扮演重要角色,大量粟特人经突厥由北向南进入内地并定居下来。粟特人的经商和移民促进了中原与突厥之间的物质文化交流。

粟特人在移居中原的同时,也有许多人选择向西移民。可萨突厥汗国控制的克里米亚半岛上就有一个商业中心名为Sugdaia,也称为苏达克(Sudak)。据学者们的研究,Sugdaia就是粟特的音译,这是一个粟特商人的聚居区。粟特城位于克里米亚半岛南部的海滨,地理位置比较便利,可以从水路连接亚速海与黑海的贸易。在9世纪中期,可萨突厥人在这里建立了一个要塞,保护这里的贸易活动。

在750年前后,阿拉伯人已完全控制红海、波斯湾和横跨大陆的亚洲商路,从对拜占庭的贸易中榨取捐税,迫使拜占庭商人付出高价。因此，拜占庭帝国努力使经过中亚而不受阿拉伯人控制的北方商路开放，这也是其一直与可萨突厥汗国保持良好关系的重要原因。

丝绸之路的北道沿锡尔河顺流而下，到咸海，绕里海北岸，过乌拉尔河，达伏尔加河河口的阿得尔，从那里转而经由顿河到达亚速海的罗斯托夫，再进而前往拜占庭首都君士坦丁堡。随着越来越多的商队来往于这条北方路线上，可萨突厥汗国的首都阿得尔成为繁荣的国际商业城市，过境贸易关税也成为可萨突厥汗国最重要的财政收入。

7.2 伏尔加河航道

可萨汗国既是东西贸易的重要中转地，又是南北贸易的要冲。北欧人、斯拉夫人和阿拉伯人统治下的美索不达米亚地区的贸易通过伏尔加河上的航线完成。19世纪以来的考古发掘已经在这条南北航线的附近发现了数以万计的8—10世纪的阿拉伯钱币。这是罗斯与东方的通商最发达的时期。但是窖藏的钱币最晚的不迟于9世纪初叶，而最早的在8世纪初叶，偶尔也有7世纪的，属于7世纪最后几年。这些钱币的年代明显地表明，第聂伯河斯拉夫人与东方可萨突厥人和阿拉伯人的通商关系是在8世纪开始和巩固起来的；而8世纪正是可萨突厥人在罗斯南部草原确立自己势力的时期。显然，可萨突厥人也就是东方和俄罗斯斯拉夫人之间通商的中间人。

斯拉夫人从第聂伯河上游顺流而下，到达黑海，再从这里乘船经刻赤海峡穿过亚速海，到达顿河河口的梯腻斯，然后经顿河到达可萨都城阿得尔，从而进入里海，之后到达戈尔甘，最后到达巴格达。通过罗斯商人的这条商路，可以把斯拉夫人的皮毛、蜂蜜、石蜡等初级产品运往阿拉伯，然后把伊斯兰世界的手工业品带往可萨汗国和斯拉夫地区。

8世纪，可萨突厥人征服了东斯拉夫部落中的波利安人、塞维里安人、维亚吉奇人以及拉基米奇人，向他们收取贡赋。虽然可萨突厥人剥夺了东斯拉夫人表面的独立，但是却给予他们很大的经济利益。可萨突厥人在南俄草原上控制的河道对这些顺从的第聂伯河居民开放了，使他们能够通往黑海和里海的市场。在可萨突厥人的保护下，第聂伯河流域的商业活动沿着这些河流活跃地进行着。

罗斯商人从可萨首都通往巴格达的这条商路也为花剌子模商人所使用。伊斯塔赫里记载，花剌子模的商队从古尔干只出发，南至呼罗珊，西至可萨突厥人分布区。花剌子模商人也和罗斯商人一样从戈尔甘经里海到达可萨突厥人在伏尔加河下游的都城阿得尔，在这里收购从北方运来的产品，然后回到戈尔甘，贩卖到呼罗珊，乃至巴格达等地。

10世纪的阿拉伯地理学家马克迪西曾详细列出了经由花剌子模人从伏尔加河流域输出到阿拉伯世界的商品有：黑貂皮、银鼠皮、花鼬皮以及草原狐、貂、海狸、斑兔、山羊等毛皮；此外，蜡、箭、桦树皮、高筒皮帽、鱼胶、鱼齿、海狸胶、琥珀、熟马皮、蜜、榛实、隼、刀、甲胄、哈兰只树(皮)、斯拉夫奴隶、羊和牛等亦有输出。

马克迪西专门提到，这些商品来自伏尔加保加尔。伏尔加保加尔一直是可萨汗国的属国，每年都要向可萨突厥国王交纳实物贡赋。当时从伏尔加保加尔运往花剌子模的这些商品都是经过伏尔加河从上游的保加尔运到下游河口的可萨突厥首都阿得尔，再从阿得尔进入里海，通过里海航道转运到花剌子模或是里海沿岸的其他城市的。

从斯拉夫人和芬兰—乌戈尔人那里收集来的初级产品通过可萨突厥汗国的航道，再经由花剌子模出口到呼罗珊，并沿着古老的商路被运往巴格达。伊斯兰世界的手工业品也是先被运到花剌子模，然后从这里运到里海，在里海装上船，取道伏尔加河运送到可萨突厥汗国、伏尔加保加尔以及东斯拉夫人的土地。

这条沿着伏尔加河的商路也常常被称为“皮毛之路”，因为皮毛是这条商路上的重要商品。当时阿拉伯帝国对皮毛有巨大的需求量，阿拉伯人像罗马人迷恋丝绸一样迷恋裘皮。与北方的皮毛贸易对花剌子模尤其重要。花剌子模裁缝用从可萨突厥汗国转运来的貂皮、狐狸皮、海狸皮、白貂皮和鼬鼠皮制作短上衣和大衣，然后出售到呼罗珊、巴格达等地。

沿着伏尔加河也进行着非常活跃的奴隶贸易。阿得尔是当时重要的国际性奴隶市场,罗斯人从北方贩卖奴隶到这里,然后大量的斯拉夫奴隶再经由里海运往西亚和北非。阿拉伯地理学家伊斯塔赫里说,可萨突厥的犹太人、基督教徒以及穆斯林的做法和多神教徒不一样,只有多神教徒出卖自己的孩子为奴。但很显然没有人反对这样做,统治者的犹太教信仰也没有使他们禁止奴隶贸易。相反,奴隶贸易的存在被容忍,奴隶们像市场上的其他商品一样被买卖。

7.3 瓦希商路的保护者

在8世纪,可萨突厥人征服了接近草原地带的东斯拉夫各部落。这些斯拉夫居民的经济生活,受从北到南贯穿于该地区的第聂伯河这一巨大水流的支配。河流在当时是最方便的交通路线,因此第聂伯河成了俄罗斯平原西部的经济命脉和主要通商干道。在可萨突厥人的保护下,第聂伯河流域的商业活动沿河流活跃地进行着。

第聂伯河的上游接近道格瓦河和伊利缅湖区域,这是通往波罗的海的两条重要道路,而它的河口却把中部阿拉温高地和黑海北岸连接了起来;第聂伯河的支流远远地向左右两边伸展,仿佛干道上的许多支线,使第聂伯河流域一边与德聂斯特河和维斯拉河的喀尔巴阡山脉区域接近,另一边与伏尔加河和顿河流域接近。这样,第聂伯河地区就包括了俄罗斯平原的整个西半部和东半部的一部分。由于这样,从远古时代起沿第聂伯河就进行着繁忙的通商活动,而希腊人对通商活动又起着推动的作用。

公元前很久的时候,黑海北岸和亚速海东岸满布着希腊的移民区,主要的移民区位于东布格河转折处(尼古拉耶夫城对面)。由于公元前6世纪由迈利特分出的奥里维亚、克里米亚半岛西南岸的赫尔松、克里米亚半岛东南岸的费奥多西亚和彭梯加比(今刻赤)、塔曼半岛的伐纳戈里亚、刻赤海峡的亚洲地区以及顿河河口的塔纳伊斯等希腊移民区的手工业活动,第聂伯河在公元前很早就成了通商的要道(关于这方面希罗多德有过记载），而且希腊人由此从波罗的海海岸取得琥珀。

沿第聂伯河从瓦良格人到希腊人的这条道路，也称为“瓦希商路”。这条水上通道始于芬兰湾，经涅瓦河驶入拉多加湖，逆沃尔霍夫河到伊尔门湖，再由此到达洛瓦蒂河。在这里船要搬运上岸，通过水陆联运进入西德维纳河上游，从而航行至第聂伯河上游，顺流而下，可以到达基辅，再由基辅驶往克里米亚半岛，在半岛南部经由黑海去往拜占庭帝国首都君士坦丁堡。

“瓦希商路”联系和活跃着拜占庭、罗斯、北欧、西欧，以及伏尔加—里海广大地区的商业贸易活动，同时加强了它们相互间的文化交流。这条道路对古代罗斯的历史发展起到过重要的作用。北欧的瓦良格人就是通过它征服东斯拉夫诸部落，建立罗斯国家的。基辅城的兴衰与这条水路息息相关。12 世纪以后，地中海商路的兴起，以及北方的普里皮亚特—布格河和西德维纳河等通向西欧道路的开辟，导致了古老的“瓦希商路”的衰落。

基辅是著名的水上交通大动脉——“瓦良格人到希腊人之路”的枢纽。据一些学者研究，基辅城就是可萨突厥人建造的。

据俄国编年史记载，基辅城是由基伊（Kiy）、塞克（Shchek）和霍里夫（Khoriv）三位兄弟建立的。史料中明确指出这三兄弟是可萨人的亲属：“……我们（基辅人）居住在这里，并向他们（基伊、塞克和霍里夫）的亲属可萨人进贡。”美国学者普利萨克甚至认为，基辅的主要建立者就是为可萨突厥人服务的一位傀儡王公库亚（Kuya）。可萨突厥人从 8 世纪到 9 世纪上半叶，控制着第聂伯河从基辅到克里米亚的部分。瓦良格人征服东斯拉夫人后，奥列格和伊戈尔王公夺取了对基辅的控制权，从而在基辅建立了著名的“基辅罗斯”。

可萨汗国在 8 世纪征服了波利安人和塞维里安人等东斯拉夫部落后，一直控制着瓦希商路中从第聂伯河中游的基辅到黑海这一段。当时在黑海草原上没有足以和可萨汗国抗衡的势力，因此可萨突厥人可以借助自己的军事力量维持第聂伯河商道的通畅，保护商人的利益。

9世纪后半期，随着基辅罗斯的兴起和可萨突厥汗国的衰落，可萨突厥人独霸南俄草原的格局开始被打破，此时的可萨突厥人已无力经营第聂伯河商道，最终退出了这一地区。

随着可萨突厥人势力的退出，瓦希商路常常受到游牧部落的威胁。9世纪晚期，原来生活在伏尔加河与乌拉尔河之间的佩切涅格人越过伏尔加河，迁徙到顿河西面，割断了第聂伯河中游与黑海和里海市场之间的联系。10世纪初期罗斯商人经过第聂伯河时要随时准备应付佩切涅格人的攻击。而早期俄罗斯史上罗斯人与佩切涅格人之间争夺第聂伯河商路控制权的斗争也一直出现在罗斯史料中。

7.4 可萨突厥汗国的经济

可萨突厥本身是游牧民族，在建立了汗国后仍然保持着游牧的生活方式。他们冬天的时候居住在城市里，春天到来后，就到草原上放牧，直到冬天再返回城里。

可萨突厥人的城市周围没有村庄，但是他们的牧场很辽阔，可萨国王居住的城市除了一扇城门朝向伏尔加河之外，其余3扇门都通向城外的草原。

每年的3月份，可萨突厥统治者就离开城市，前往自己的牧地游猎或到各地巡游。他们生活在毡房里，甚至在阿得尔城，可汗和国王也喜欢住在毡房里。根据最新的考古发现，在可萨突厥的首都不仅发掘出了三角形堡垒的火砖地基，而且还有圆顶帐篷式建筑的地基，显然统治者们在城内模仿毡房建造了圆形的建筑。

可萨突厥人的这种半游牧半定居的生活方式既保存了传统的游牧文化，又借鉴了定居民族的文明。可萨汗国的几个主要城市充分体现了定居文明对可萨突厥人的影响。

据马苏第的记载，萨曼达尔是可萨汗国早期的首都，萨曼达尔位于高加索要塞打耳班和可萨新首都阿得尔之间，距离打耳班有8天的路程，离阿得尔有7天的行程。虽然后来可萨突厥人的统治中心北移了，但是萨曼达尔城仍然由可萨的一个部族在直接统治。《世界境域志》中记载，“萨曼达尔是一座海边的城市。这是一个拥有许多市场和商人的舒适的地方”。

萨曼达尔位于今天俄罗斯达吉斯坦共和国首都马哈奇卡拉(Makhachkala)西南方的塔尔库(Tarqu)。作为里海西岸的城市，萨曼达尔可以通过水路为北部高加索山区居民带来各地的货物，因此这里在可萨和阿拉伯停战之后成了一个商贸城市。伊斯塔赫里还描述了萨曼达尔城的具体情况：“城里有许多花园，据说在该城与萨里尔的边界上有大约4000座葡萄园，主要的果实是葡萄。这里也住着穆斯林，他们有清真寺。他们的房屋是用木头做成的，纵横交错，屋顶是圆形的。他们的统治者是犹太人，他与可萨突厥人的国王有关系。从这座城市到萨里尔的边界有两里格。”显然在萨曼达尔生活的可萨突厥人也像定居民族一样耕种土地，种植葡萄。

可萨突厥汗国的统治者们主要有两个经济来源：一个是向路过可萨陆路和水路的商人们征收关税，另一个是向臣服于可萨汗国的百姓征收赋税。

可萨汗国通过自己控制的商路，在8—9世纪成为东欧商业贸易最活跃的地区之一。商业的流通成为可萨帝国最重要的收入来源。可萨突厥人能够迅速地富足起来，主要是由于在国家在口岸和一些重要的陆上商道、海上商道和河上商道收取关税，商人们向可萨可汗或他的代理人缴纳货物价值的1/10。这种关税在当时是一种惯例，不但可萨汗国征收什一税，而且拜占庭、伏尔加保加尔以及花剌子模等地也都按照这个标准来向过境商人征收关税。

向臣服于自己的百姓征收赋税是可萨汗国的另一个经济来源。可萨突厥人征收的赋税包括实物和货币两种形式。罗斯编年史中提到波利安人、塞维里安人、维亚吉奇人以及拉基米奇人都向可萨突厥人交纳贡赋。可萨突厥人按户收取赋税，每户收取一个银币或是一张貂皮。向伏尔加保加尔征收的就是实物——每户一张黑貂皮。

可萨突厥汗国的统治者每年到春季就离开首都，到各地巡游。国王会率领着贵族们以及一支强大的骑兵,一路浩浩荡荡,前往汗国的各个属部。巡游一方面可以满足可萨突厥国王游牧生活的需要,同时更重要的是向臣服于自己的部落征收赋税,并通过武力威慑加强对这些地方的控制。

可萨突厥人的制造业水平还比较低,服装都要靠从南方进口,而从可萨国运往阿拉伯世界和拜占庭的皮毛、蜂蜜、石蜡等物都是来自北方的斯拉夫民族或是伏尔加河中上游的保加尔人和布尔塔斯人的。可萨国内没有丰富的自然资源可以出口,也不能自己生产产品,其经济从这方面看是“高度依赖国外的”。伊斯塔赫里记载道:“可萨国除了生产鱼胶(isinglass)出口外,其他东西都不会制造。像奴隶、蜂蜜、石蜡、海狸皮以及其他动物的皮毛都是进口到可萨国的。可萨突厥人及其周围民族的服装是外套和紧身衣。这个国家不会制造衣服。衣服都是从久尔疆、塔巴里斯坦、亚美尼亚、阿塞拜疆以及希腊等地区来的。从他们国家运来的蜂蜜和石蜡都来自罗斯和保加尔的领地。同样,被带到世界各国的海狸皮据我所知也只产自保加尔、罗斯和基辅领地的流域,而不是来自其他地方。”

可萨汗国的两大经济来源都取决于政治上的威望和军事力量的强大。只要可萨突厥人能够通过武力控制住他们征服的地区并保证商道的畅通,那么他们的经济体系还是可以维护的;但是一旦他们的军事力量被削弱,无法控制属民和商路时,整个国家的经济就将崩溃。

可萨汗国是否铸造了自己的货币一直是学者们争论的问题。由于历史文献中没有留下有关可萨货币的记载,所以考古发现和钱币学家的研究就显得格外重要。20世纪著名的钱币学家扎穆鲍尔(Zambaur)认为,考古学家在瑞典和俄罗斯发现的数量巨大的仿照阿拉伯钱币制造的货币是由可萨突厥人制造的。近年来的考古新发现,进一步证实了可萨汗国曾经发行了自己的货币。

瑞典斯德哥尔摩钱币研究所的研究人员在研究了瑞典出土的大量仿制的第尔汗以及铸钱模具后认为,这些仿制的钱币是可萨突厥人铸造的。其中有两类货币可以确定是可萨突厥人铸造的:一类是印制有“Ard al-Khazar”的第尔汗,另一类是“摩西第尔汗”。

第一类钱币在正面印有“Ard al-Khazar”的字样,意思是“可萨突厥人的土地”,同时还印出了“希吉拉历 223 年”的字样,表明其印制时间是在 837—838 年之间。这类钱币共出土了 84 枚,发现这类钱币的窖藏最早的年代大概在 9 世纪 30 年代末,因此这些仿制的钱币很有可能在铸造好不久即被带往北欧地区。

第二类钱币被称为“摩西第尔汗”,是因为在钱币背面原本应该刻穆斯林统治者名字的地方刻有“摩西是安拉的使者”(Mūsā rasūl Allāh)一语,这句话显然来自伊斯兰教的清真言——“万物非主,唯有真主,穆罕默德是安拉的使者”。摩西是带领犹太人逃离埃及法老残酷统治的圣人,在犹太民族历史上具有重要的地位。他所确立的“摩西十诫”强调了一神教信仰,明确反对偶像崇拜,规定了人们应遵守的道德标准,作为犹太教最基本的教义和信条,被视为犹太教创立的正式标志。摩西在犹太教徒心目中的地位相当于穆罕默德在穆斯林心中的地位。由于可萨突厥的统治阶层皈依了犹太教,所以在仿制阿拉伯第尔汗的时候,就把穆斯林的这句经典话语改为“摩西是安拉的使者”,以显示自己的犹太教信仰。

以上叙述说明可萨汗国的确铸造过自己的货币,虽然这些货币是仿照伊斯兰世界的货币进行铸造的,但是显然可萨突厥人在上面打上了自己的印记。不但反映出自己的宗教文化,而且直接把自己国家的名称印制在货币上,这充分说明了可萨汗国的强大和独立。这些货币没有在可萨汗国的范围内出土,而是在遥远的北欧地区被发现,完全证实了可萨汗国在连接北欧地区和阿拉伯世界经贸活动中所起的重要作用。正是斯拉夫商人从可萨汗国通过伏尔加河—顿河航道,再经过著名的“瓦希商路”,把这些货币带到了北欧的波罗的海地区。

可萨国占据多条商道的有利地理位置使它成了一个商业国家,它的经济基础是这些商业活动的税收。反过来说,它保护了国内和国外商人的安全,使他们可以使用它控制的重要商道。可萨控制这些领地的能力主要依靠可汗、设以及可萨部落的军事实力。可萨突厥汗国在强大之时,还可以维持商路的畅通,但是随着南俄草原的政治格局发生变化,可萨突厥汗国的军事力量遭到削弱后,要想继续依靠武力来进行控制,就显得有些力不从心了。

8 四面楚歌

强大的可萨突厥汗国在9世纪中期遭到了巨大的挑战。首先是来自东方的威胁。840年,远在蒙古高原的回鹘汗国为黠戛斯人(古代柯尔克孜人)所灭,导致回鹘人西迁。这次蒙古高原上的巨变引发了中亚草原游牧民族格局的变换,也促成了这些民族的融合。这种格局的转变使得锡尔河下游以东地区的乌古斯人向西迁徙,迫使原先生活在咸海草原的佩切涅格人向乌拉尔河和伏尔加河迁徙,可萨突厥汗国的东部边界面临着来自佩切涅格人的威胁。

风起云涌的周边局势让可萨突厥汗国的一些属部看到了希望。生活在库班河流域的马扎尔人乘势摆脱可萨突厥的统治,向西迁徙。与马扎尔人一同迁徙的还有可萨突厥人的一支——卡巴尔人。据说卡巴尔人当时起兵反抗汗王的统治,因不满于自己的同族而与马扎尔人结成同盟,共同前往潘诺尼亚地区,后来在此繁衍生息,逐渐与马扎尔人和当地的斯拉夫人融合形成了今天的匈牙利人。卡巴尔人的叛逃对可萨突厥汗国的军事力量打击巨大。

南俄草原的格局此时也已发生改变。自从7世纪下半叶可萨突厥汗国把大保加尔国灭亡后,南俄草原一直没有出现能与可萨突厥相抗衡的政权,因此在8—9世纪前期基本是可萨突厥汗国在南俄草原称霸。到了9世纪,随着东斯拉夫各部落的逐渐统一,新兴的基辅罗斯政权开始挑战可萨突厥汗国的权威,可萨突厥人的西部领地逐渐脱离了他们的控制。

四面楚歌的可萨突厥汗国渐渐开始衰落,强大的军事力量疲于应付各地的起义和来自外部的各种进攻。

8.1 萨尔克尔与顿河防线

面对着日益严峻的国内和国际局势，可萨突厥汗国显然有些力不从心，为此可萨突厥人主动邀请拜占庭人帮助自己在顿河下游的萨尔克尔修建军事要塞，以对付来自各方的游牧人。

关于萨尔克尔确切的位置，大多数学者都倾向于在今天俄罗斯境内顿河下游的齐姆良斯克（Tsimlyanskaya）水库，而且城市的遗址很有可能就在水库的位置。前苏联考古学家们认为："现在这座城市的废墟位于齐姆良斯克水库底部，离岸边大约有15公里……城市位于顿河左岸的一个海岬处……海岬的边缘立有砖砌的壁垒，这里由另一个壕沟隔开。"

可萨突厥和拜占庭联合修建萨尔克尔要塞，说明这个地方是关系到双方切身利益的一个战略要地。可萨突厥人和拜占庭人之所以重视萨尔克尔，主要是因为这里是可萨和拜占庭商业贸易线路上一个重要的枢纽。这里不仅可以把伏尔加河流域的各种初级产品通过顿河—亚速海—黑海航线运送到拜占庭，而且还能连接花剌子模的贸易中心，从而与传统的丝绸之路保持联系。一旦这个贸易枢纽被阻塞，拜占庭通往北方和东方的贸易就会受到影响，而一直靠收取关税维持国内经济的可萨突厥人的经济利益也会遭受巨大损失。因此，在维护贸易通畅这一点上可萨突厥人和拜占庭人是有共识的。

可萨突厥国王派遣使者前往君士坦丁堡觐见拜占庭皇帝塞奥腓留斯，请求拜占庭人为他们建造萨尔克尔城。从地理位置上看，萨尔克尔是拜占庭对付来自东方和东北方的游牧民族的防御体系中一个重要的组成部分。因此，塞奥腓留斯皇帝同意了可萨突厥人的请求，派遣一位将军率领帝国海军的战舰前往。将军来到赫尔松并把战舰留在了这里，他让自己的手下登上了运送辎重的船，航行到顿河上的那个他即将修建城市的地方。由于那个地方没有适合建造城市的石头，他建起了一些炉灶来烧制砖块，用这些砖和河里的小贝壳磨制的泥灰修建了城市的建筑物。拜占庭人帮助可萨突厥人修建了萨尔克尔后，很快就在赫尔松设立了军区，直接对这里实施统治。

要塞建立后，可萨突厥国王派遣了一支 300 人的军队驻守在这里，这些士兵每年轮换一次。从此，萨尔克尔成为可萨突厥人在顿河上的重要防线。

可萨突厥人修建萨尔克尔这一军事要塞到底是为了抵御什么民族的进攻呢？关于这个问题历来有不同的看法。一种看法认为，可萨突厥人的这个要塞是为了抵御马扎尔人的进攻，通过这个要塞可以监视并阻挡马扎尔人。这种说法的根据是伊本·鲁斯达的记载："据说，可萨突厥人过去因为害怕马扎尔人以及位于可萨突厥边界上的其他民族，于是在自己周围挖掘沟堑，也就是城壕。"这些马扎尔人曾经作为可萨突厥人的属民生活在库班草原上。他们在 9 世纪 30 年代发动起义，越过顿河，迁徙到第聂伯河和顿河之间，忙于袭击他们原来的主人，直到 9 世纪晚期他们被佩切涅格人赶到更西边的地方。

第二种看法认为，可萨突厥人是为了抵御佩切涅格人而修建萨尔克尔的。这一看法的主要根据是，11 世纪的拜占庭作家曾经记载萨尔克尔是"一个抵御佩切涅格人的坚固的壁垒"。但是在修建萨尔克尔的时候，佩切涅格人还没有越过伏尔加河，进入可萨突厥的领地。根据君士坦丁的记载，佩切涅格人直到 9 世纪 90 年代的时候才因为可萨突厥人和古斯人的联合攻击，越过伏尔加河，进入顿河下游地区，在此之前主要在伏尔加河和乌拉尔河之间游牧。因此，可萨突厥人最初修建萨尔克尔，并不是为了抵御佩切涅格人。等到佩切涅格人越过伏尔加河，深入到南俄草原的时候，萨尔克尔才真正是一座抵御佩切涅格人的堡垒。

第三种看法认为是为了抵御罗斯人的入侵。可萨突厥人此时的敌人已经是罗斯人了，他们的势力在那时正在朝可萨的西方和北方扩张。有学者认为可萨的敌人是罗斯人，修建要塞是为了要截断他们从亚速海通往伏尔加河的路。

其实可萨突厥人修建萨尔克尔是为了抵御所有入侵者，尤其是来自草原的人。从可萨突厥人的角度看，早期是马扎尔人，后来是佩切涅格人和罗斯人。更重要的是，萨尔克尔是拜占庭防御系统中最重要的一部分，因为游牧部落只要越过萨尔克尔，很快就会盯着多瑙河。在顿河下游修建这一要塞既可以保证贸易路线的通畅，又能够抵御草原民族的进攻，这对于可萨突厥汗国和拜占庭来说都具有重要的战略意义。

可萨突厥汗国需要借助拜占庭的力量来修建军事要塞，这充分说明可萨突厥汗国此时已经在走下坡路。面对来自南俄草原的巨大威胁，可萨突厥人不得不依靠军事要塞来维护国内的稳定和安全。

8.2 马扎尔人的叛离

马扎尔人在可萨突厥汗国强盛之时一直为可萨突厥人守护着顿河流域，保证过往商旅的安全；但是他们在可萨突厥汗国却没有太高的地位，可萨突厥汗王只是把一位贵族女子，而不是自己的女儿嫁给了马扎尔人的首领。随着马扎尔人军事力量的强大，他们势必对自己的地位表示不满。马扎尔人的独立倾向越来越明显，他们对可萨突厥汗国赐给他们的统治者不再满意。

可萨突厥汗王感受到了马扎尔人的不满，于是决定加强里比地亚的权力，让他更好地掌控马扎尔各部。汗王派人给马扎尔人送信，要求里比地亚来见他。里比地亚前往可萨突厥首都觐见汗王，汗王对他说："我让人邀请你来这里，是为了要任命你为马扎尔人的君主。我觉得你很英明、勇敢，同时又出身高贵，非常适合做一位君主。你当上君主后要听从我的话，服从我的命令，不能自作主张啊！"

里比地亚回答说："您的关心令我十分感动，我向您表示由衷的感谢。但是由于我不够强大，可能难以进行统治，我恐怕无法遵照您的旨意。另外，我们还有另一位名叫阿尔莫兹斯（Almoutzis）的首领，他的儿子叫阿帕德，您可以从他们中挑选一位来做君主，他们一定会听从您的吩咐的。"

可萨突厥汗王看到自己打算扶立的人在马扎尔人中没有实权，于是决定扶植新的势力。他天真地以为马扎尔人还是会像以前那样听从他的安排,就派遣了一位特使前往马扎尔人的领地,监督他们选立新的君主。

特使把汗王的意思向马扎尔人表达后,马扎尔人决心摆脱可萨突厥人的控制,于是他们宣称,阿帕德比他的父亲阿尔莫兹斯更适合当君主。他们按照可萨突厥人的习俗,把阿帕德用盾牌高高举起,拥立他为马扎尔人的君主。在阿帕德之前,马扎尔人从来没有任何君主,从此,马扎尔人的君主基本都从阿帕德的家族中挑选。

至此,可萨扶持的傀儡政权已经丧失了权威,失去了国民的信任;而此时的可萨突厥人也无力再扶持一个傀儡政权,只能听任马扎尔人自己做主。

从马扎尔人不顾可萨突厥人的意见自己选举国君可以看出,此时他们在政治上已经独立了。860 年,圣徒西里尔和梅塞德乌斯奉拜占庭皇帝米歇尔三世之命出使可萨突厥时,在克里米亚地区遭到了马扎尔人的攻击,显然这些马扎尔人不在意攻击可萨突厥可汗的客人。马扎尔人的独立,使可萨突厥人失去了一个能为自己英勇作战的属部,在一定程度上削弱了可萨的势力,使其对汗国西部的控制能力大大下降了。

阿帕德被拥立为君主后,决心要摆脱可萨突厥人的控制,于是他率领马扎尔人陆续向西迁徙,在南俄草原上扩展自己的势力。马扎尔人的领地逐渐扩张到了第聂伯河流域,他们把这片新的土地称为阿特尔库祖(Atelkouzou)。

就在马扎尔人逐渐向西迁徙的过程中,可萨突厥汗国内部爆发了卡巴尔人(Kabars)的起义。卡巴尔人是可萨突厥人的一支,由于不满国王的统治,他们起兵反抗。卡巴尔人的起义遭到了可萨突厥国王的残酷镇压,大量卡巴尔人惨遭屠戮,无奈之下许多卡巴尔人只好离开原来居住的地方,向广袤的南俄草原迁徙。

卡巴尔人派遣使者去见马扎尔人的国王阿帕德,希望能接纳他们。阿帕德此时正是积蓄力量的时期,对卡巴尔人的到来非常欢迎。

卡巴尔人从此进入马扎尔人的部落联盟，成为马扎尔人的一支，马扎尔人的部落也由原来的7部增加为8部。卡巴尔人比马扎尔人更积极进取，更为好战，因此他们排在部落名之首。

卡巴尔人对马扎尔人的影响巨大，他们教会马扎尔人可萨突厥语，根据拜占庭史料的记载，马扎尔人至少到10世纪中叶还在说可萨突厥语。

卡巴尔人的叛逃削弱了可萨突厥汗国的力量，加强了马扎尔人的势力。卡巴尔人成为马扎尔诸部落中最善战的部落，在马扎尔人后来的军事活动中扮演了重要的角色。

卡巴尔人与马扎尔人一起征战第聂伯河中下游，逐渐控制了整个乌克兰的西南角——第聂伯河下游、布格河以及德聂斯特河的盆地地区。马扎尔人甚至还一度统治基辅。前面提到基辅城可能是由可萨突厥人建立的，但是到9世纪中期，东斯拉夫人的统治者阿斯克里特和吉尔从可萨突厥人手中夺取了基辅。马扎尔人的到来，迫使阿斯克里特和吉尔接受马扎尔人的统治。882年奥列格占领基辅意味着马扎尔人统治的结束，在他杀死阿斯克里特和吉尔后，奥列格和马扎尔首领的关系非常紧张，双方剑拔弩张。马扎尔人想恢复自己对基辅的控制，而基辅的新统治者则需要黑海的入海口，他想让马扎尔人作出让步，或是把他们赶出这一地区。

9世纪90年代，拜占庭人在巴尔干地区遭遇到了巨大的挑战，保加利亚人常常进入拜占庭在巴尔干半岛的占领区大肆劫掠。于是拜占庭人再次施展出“以夷制夷”的政策，挑拨马扎尔人去攻打保加利亚人。894年，马扎尔人作为利奥皇帝的雇佣军攻打多瑙河的保加利亚人，结果保加利亚人被打败，他们的国家遭到马扎尔人的抢劫。

战败的保加利亚人求助于此时已经迁徙到顿河西边的佩切涅格人，希望与佩切涅格人联合攻击马扎尔人。佩切涅格人一直觊觎马扎尔人占领的第聂伯河下游地区，于是欣然同意。

897年，佩切涅格人从东边，保加利亚人从南边同时进攻马扎尔人。遭到夹击的马扎尔人被迫向西沿多瑙河而上，迁徙到潘诺尼亚地区，经过征战，统治了多瑙河中游和提萨河地区，即今天的匈牙利。

马扎尔人占领匈牙利地区在斯拉夫人的历史上是决定性的事件，从此斯拉夫人中的3部分——西斯拉夫人、东斯拉夫人和南斯拉夫人被马扎尔人彻底地分成3个部分。马扎尔人入侵的直接后果是大摩拉维亚（Great Moravia）公国的覆亡，公国的大部分土地被马扎尔人占领。马扎尔人在这里繁衍生息，与斯拉夫人相融合，最终形成了今天的匈牙利人。

8.3 佩切涅格人的迁徙

9世纪30年代可萨突厥人联合拜占庭人修建萨尔克尔要塞时已经感受到了军事上的压力，只是此时的压力还没有直接威胁到可萨突厥汗国的生存。但是到9世纪后期，南俄草原的局势开始发生变化，可萨汗国的霸主地位面临着严峻的挑战。基辅罗斯的兴起，马扎尔人的独立，佩切涅格人以及古斯人的西迁，给可萨突厥人的统治带来了巨大的威胁。可萨汗国在这一时期开始走向衰落。

马扎尔人脱离可萨突厥汗国的控制以及卡巴尔人从可萨突厥汗国分裂削弱了可萨突厥的军事力量，致使可萨突厥人无法抵挡住佩切涅格人的迁徙。

佩切涅格人起源于咸海和锡尔河中游之间的地区，他们古老的中心位于今天的塔什干附近。佩切涅格人利用自己的地理位置，与草原地区和定居的河中地区保持着密切的经济贸易往来。同时，他们与鄂尔浑河流域的突厥汗国统治者也保持着良好的关系。在古代突厥文碑铭“阙特勤碑”中，佩切涅格人中的一支康噶尔人（Kängäräs）被描述为第二突厥汗国的盟友。

744年，蒙古高原上的第二突厥汗国衰落，草原霸权后来转移到回鹘人手中，他们强行把乌古斯部落联盟驱逐出蒙古高原的西北部。于是乌古斯人迁徙到咸海和锡尔河之间的草原地带，成为佩切涅格人的邻居。这个形势决定了佩切涅格后来的历史。

乌古斯人不久就觊觎佩切涅格人对商道的控制权,这条商路从中亚直通到伏尔加保加尔、可萨突厥和中欧。两个民族为了争夺商道的控制权展开了斗争,在8世纪时双方经常兵戈相见。

9世纪上半期,乌古斯人在咸海附近的战争中打败了佩切涅格人及其联盟。这次失败迫使佩切涅格人离开他们原来的土地,居住在乌拉尔河—恩巴河和伏尔加河之间。根据阿拉伯史料的记载,佩切涅格人北边是克普恰克人,西南方是可萨人,东边是乌古斯人,西边是斯拉夫人。这些人都时常侵犯佩切涅格人,就如同后者进犯他们一样。佩切涅格人很富有,他们拥有牲畜、羊群、家庭用品、金子、银子、武器、军旗以及长矛。

一部分没有迁徙的佩切涅格人留在了原地,加入了乌古斯人的部落联盟,后来融入乌古斯人中。在11世纪60年代左右成书的《突厥语大词典》中,乌古斯人22个部落中的第19个就是佩切涅格部落。

佩切涅格人在伏尔加河东岸生活的时候处于可萨突厥人和古斯人之间,二者对其形成两面包围之势。一方面,可萨突厥人每年都和佩切涅格人作战。伊本·鲁斯达曾记载,可萨突厥人与佩切涅格人每年都要开战,显然这是为了防止佩切涅格人越过伏尔加河,向西边侵入黑海北部地区。另一方面,佩切涅格人又面临着乌古斯人来自东方的袭击。正是这一西一东的夹击使佩切涅格人疲于应付,最后决定冲出伏尔加河,向广袤的南俄草原迁徙。

对作为南俄草原霸主的可萨突厥人来说,并不希望佩切涅格人侵入自己的势力范围;但是9世纪晚期佩切涅格人成功地迁徙到黑海草原,占领了马扎尔人的领地,这说明佩切涅格人来自东方的压力很大,也就是乌古斯人给佩切涅格人施加了足够大的压力。在乌古斯人的压力以及佩切涅格人本身试图打败可萨突厥人进而西迁的动力的双重作用下,可萨突厥人失败了,他们终于没能抵挡住佩切涅格人的迁徙,而随着这个缺口的打开,可萨覆亡的命运已成定局。

佩切涅格人的西迁是可萨突厥历史上的一个转折点。在此之前可萨突厥汗国还是令周围民族和国家生畏的强大汗国,但是佩切涅格人的西迁却直接暴露出可萨突厥汗国的衰落,并由此引发了一系列连锁反应。

佩切涅格人的迁徙带来的直接后果就是乌古斯人的迁徙。佩切涅格人离开乌拉尔河和伏尔加河之间的领地后,乌古斯人迅速向西方推进,占领了原来佩切涅格人的土地,从此与可萨突厥人以伏尔加河为界相邻。

乌古斯人,在阿拉伯史料中称为古斯人(Ghuz),拜占庭史料称为奥兹人(Oz),罗斯史料称为托尔克人(Tork)。根据波斯史料《世界境域志》的记载,乌古斯人在佩切涅格人西迁后领地迅速扩大,其东方是古斯沙漠和河外地区(Transoxiana)的城市,南方是古斯沙漠的部分以及可萨海,西方和北方是阿得尔河。古斯沙漠就是今天哈萨克斯坦西部的荒漠地带,可萨海和阿得尔河分别指的是里海和伏尔加河。

乌古斯人的迅速推进,使可萨突厥人的伏尔加河防线面临巨大的考验。每到冬天,乌古斯的游牧民就大量地前往伏尔加河河畔建立冬季牧场。由于联结伏尔加河与伊埃尼凯勒海峡的水流完全冻结,许多乌古斯人便骑马越过冰河(因为水量很大,河水结冰非常厚,以致在他们的重压下也不会有断裂的危险)并入侵可萨突厥人地区。为了确保汗国的安全,可萨突厥人不得不在寒冷的冬天被迫抵抗前来进犯的敌人。但是随着可萨突厥汗国的衰落,其军队竟然有好几年的冬天没能抵挡住乌古斯人的进攻,只能任由他们劫掠边境的百姓。危险的局势在春天到来后会有所缓和,因为随着冰雪的消融,乌古斯人无法越过伏尔加河这一天然屏障。对于乌古斯人的进攻,可萨突厥人已经开始力不从心了,而这个危险的邻居最终给了可萨突厥人致命的一击。

佩切涅格人的西迁迫使马扎尔人迁徙到多瑙河中游地区。9世纪末期马扎尔人的西迁,把顿河以西的乌克兰平原完全让给了佩切涅格人,他们控制着第聂伯河下游直到可萨突厥人在顿河的要塞萨尔克尔那么远的土地。这样佩切涅格人与可萨突厥人开始以顿河为界,可萨汗国的势力退到了顿河以东地区。

在可萨突厥汗国灭亡之后,佩切涅格人受到来自东方的乌古斯人的压力被迫西迁，而乌古斯人自己是被波罗伏赤人(克普恰克人，或库曼人)赶到西方来的。11世纪50到60年代，佩切涅格人先被赶出左岸，后来完全被赶出右岸。他们开始越过多瑙河向拜占庭人的领地迁徙，主要进入了保加利亚境内(1048年)，在那里作为盟友定居下来。

1048年佩切涅格人的13个部落迁徙后，图拉真(Tyrach)可汗和他的子民们被迫迅速越过多瑙河，进入拜占庭的领地。后来东欧的克普恰克在1122年击溃了佩切涅格人，从此佩切涅格人完全丧失了独立的地位，逐渐融合到保加利亚人和克普恰克人中。

8.4 基辅罗斯的崛起

可萨突厥人在鼎盛时期，一直致力于维护"瓦希商路"的畅通，进而获取高额的关税。9世纪中期，一向非常巩固的可萨突厥人的统治开始明显地动摇起来。其原因是从东方来了新的佩切涅格部落，可萨突厥人艰难地抵御着这些新部落的进逼。随着马扎尔人的独立和卡巴尔人的出走，可萨突厥人要想继续维持瓦希商路的畅通已经是力不从心了。他们很难同时在东线和西线保持强大的兵力，汗国西部的丧失是迟早的事情。

在可萨突厥汗国由盛转衰的时期，一个新的罗斯国家在东欧北部出现了。关于基辅罗斯国的建立，是俄罗斯古代史上一个颇有争议的问题。直到今天为止，许多学者还在为最早建立罗斯国家的人到底是谁而争论不休，由此形成了两派——诺曼派和反诺曼派。

诺曼派根据古代罗斯史料《往年纪事》中提到的东斯拉夫人邀请瓦良格人出任斯拉夫人的王公这一记载，主张基辅罗斯由瓦良格人建立。瓦良格人就是来自北欧斯堪的纳维亚半岛的诺曼人，他们也被称为罗斯人。反诺曼派常常由于爱国的即民族主义的理由而驳斥"邀请瓦良格人"这一传说，他们觉得说最初的一些君主是外国人有损于俄罗斯斯拉夫人的民族自尊心。从18世纪开始，俄罗斯的历史学家就开始争论，在20世纪30年代之前，诺曼说占了上风。

进入20世纪40—50年代,随着美苏冷战的爆发,关于古罗斯国家形成问题的论战具有了意识形态的意义。从此,苏联所有书刊中凡是涉及罗斯国家起源的地方,统统把诺曼说作为资产阶级伪科学的反动理论加以讨伐。苏联的许多通史著作都认为所谓"邀请瓦良格人为王"的说法,是编年史家企图回答当时人们关注的基辅大公起源问题时故意捏造出来的,诺曼人对古罗斯国家的形成并没有起过多么重要的作用。苏联解体后,诺曼说在俄罗斯再次被提及,但是直到今天争论仍在继续。

根据《往年纪事》的记载,862年左右,东斯拉夫人把瓦良格人驱逐到海外,不再向其交纳贡赋,同时开始了自己对自己的管辖。他们彼此之间再无正义可言,各个氏族相互争雄,内讧不休,战乱频仍。斯拉夫人相互商议道:"我们为自己寻求个王公吧,由他来治理我们,根据法律来裁决我们的纠纷。"于是斯拉夫人到海外的瓦良格人即罗斯人那里去了。斯拉夫人对罗斯人说:"我们那里的土地辽阔,物产丰盈,却漫无秩序。请到我们那里去称王,去治理我们吧。"于是,罗斯人从自己的氏族里推举出三兄弟,率领他们所有的人前来。长兄留里克坐镇诺夫哥罗德,二弟西纽斯坐镇白湖,三弟特鲁沃尔坐镇伊兹博尔斯克。正是由于他们的缘故,才出现了"罗斯国家"这个名称。

两年后,西纽斯死了,他的弟弟特鲁沃尔也死了,留里克就独掌一切权力。他把自己的臣僚分派到属下的几座城市,有人去了波洛茨克,有人去了罗斯托夫,还有人到了白湖。从此罗斯人就开始住在这些城市,但他们对这些城市来说是外来者。诺夫哥罗德的土著居民是斯洛维涅人,波洛茨克的土著居民是克里维奇人,罗斯托夫的土著是默里亚人,白湖的是维希人,穆罗姆的是穆罗马人。他们全都接受留里克的统治。

留里克手下有两位贵族阿斯克里特和吉尔,他们与留里克并非出自同一氏族。二人被允许率领自己的氏族前往南方。他们沿第聂伯河前进,途中见到岸边山头上的基辅城,便向当地人询问:"这是谁的城?"当地人回答说:"这曾是基伊、塞克和霍里夫三兄弟的,是他们建设的这座小城。他们早已死去，我们是他们的后人波利安人，我们生活在这里，向哈扎尔人交纳贡赋。”阿斯克里特和吉尔征服了可萨突厥人的属民波利安人，并最终控制了基辅。罗斯人的到来意味着可萨突厥人在基辅统治的终结，从此可萨突厥人的势力开始退出基辅。

879 年，留里克临终前将诺夫哥罗德的大权交给了奥列格，并将幼子伊戈尔托付于他。882 年奥列格率领庞大的军队出发远征，这支军队由瓦良格人、斯拉夫人、楚德人、维希人和克里维奇人组成。奥列格先夺占了斯摩棱斯克和柳别契两城，委任自己的臣僚在这里统治；然后顺流而下，进军到基辅山脚下。

奥列格知道，这里是阿斯克里特和吉尔的地盘。他命令部分士兵埋伏在船舱中，其余的军队留在后面，自己则抱着幼小的伊戈尔直奔基辅城而去。他派遣使者去见阿斯克里特和吉尔，对他们说：“我们是来自诺夫哥罗德的商人，打算前去希腊经商，途经这里，请到我们的船舱中作客，到你们的同胞这里来吧。”阿斯克里特和吉尔信以为真，于是前往奥列格的船队。当他们到来时，埋伏的士兵全从船舱中冲出，奥列格对他们说：“你们不是王公，却占据着这里。你们也不是王族，我才是名正言顺的王族，留里克王已经把他的儿子托付给我了，只有我才有权在这里。”于是奥列格下令处死阿斯克里特和吉尔，成功夺取了基辅城。

基辅是当时罗斯通商活动的汇集点，各地的商船都从沃尔霍夫河、道格瓦河、第聂伯河的上游及其支流驶向这个城市。谁占有基辅，谁就掌握了罗斯商业的主要门户和钥匙。这就是住在北部的所有瓦利亚格王公都被吸引到基辅来的原因。他们为了争夺基辅互相竞争，彼此杀戮。

所有的罗斯商业城市在经济上都依附于基辅，这些城市走向繁荣的路线都汇集在基辅。基辅能破坏它们的通商活动，割断全国经济流通的大动脉，不放商船驶往第聂伯河下游到亚速海和黑海的市场。因此，和基辅保持友好关系，以便能够从基辅得到通往草原商道的自由出口，是这些城市的共同利益。

奥列格夺取基辅城后就任王公，立即宣布这里为“罗斯诸城之母”，进一步巩固了对基辅的统治。他宣布手下的瓦良格人、斯拉夫人还有其他部落的人，一律称作“罗斯人”。在随后的20年中，他相继迫使南部与西部的塞维利安人、拉基米奇人、杜列布人、乌里奇人、底维尔人、白霍尔瓦特人和北方的克利维奇人等部族联盟臣服于基辅。就这样，奥列格把北部罗斯和南部罗斯统合起来，建立起一个名副其实的国家，由于统治中心是基辅，故史学家称之为基辅罗斯。

基辅罗斯的兴起对可萨突厥汗国来说是一个巨大的威胁。当时第聂伯河中下游的东部地区控制在可萨突厥人手中，可萨问题是奥列格首先要处理的问题。为此，可萨突厥人对第聂伯河中游的东斯拉夫部落的统治必须被取缔。确实，奥列格下一步的行动就是向这些地区扩张其势力。

884年左右，奥列格打败了塞维利安人，向他们征收贡赋，禁止他们继续向可萨突厥人纳贡。奥列格说：“可萨突厥人是我的敌人，你们没有必要再向他们支付贡赋！”

885年，奥列格派遣使者去拉基米奇人那里询问：“你们向什么人纳贡？”拉基米奇人回答说：“我们向可萨突厥人纳贡。”于是奥列格向他们宣布说：“你们从今往后不要再向可萨突厥人纳贡，而是向我纳贡。”迫于奥列格的军事威慑力，拉基米奇人自愿把原来交给可萨突厥人的贡赋转而交给了奥列格。

罗斯人对斯拉夫诸部落的征服说明此时可萨突厥对东斯拉夫部落的控制能力下降了，可萨突厥面对罗斯人的扩张已经无力阻挡，只能任由自己的属民被新兴的势力抢走。从此，可萨汗国的势力退出了第聂伯河中下游东部的草原地带，这为后来罗斯人对可萨突厥的东征铺平了道路。

9 汗国的覆亡

随着可萨突厥汗国的衰落,南俄草原一家独霸的局面完全被打破。佩切涅格人占据了第聂伯河下游到顿河以西的广大地域,基辅罗斯人为了保住瓦希商路的畅通,与佩切涅格人在第聂伯河流域展开了较量。在多年的争战中,基辅罗斯没能彻底击溃佩切涅格人;相反,罗斯商人常常遭到佩切涅格人的攻击,甚至罗斯的大公斯维亚托斯拉夫战死后被佩切涅格人割下头颅,做成酒杯。罗斯人试图打开新的通道,可萨突厥人对里海航道的垄断势必激起罗斯人的不满。

随着南俄草原上格局的演变,可萨汗国遭遇到巨大的威胁。顿河以西的佩切涅格人经常威胁着可萨突厥人的西部边界,而伏尔加河东岸的古斯人也不时发动季节性攻击。基辅罗斯与可萨突厥的矛盾在10世纪前半期明显地暴露出来,罗斯人不仅取代了可萨突厥人对东斯拉夫人的统治,而且进一步向东部扩张,最终于965年发动了对可萨汗国的远征,直接导致了可萨汗国的灭亡。

9.1 罗斯人的远征

罗斯人在基辅站稳脚跟后,开始通过可萨控制的伏尔加河—里海航道进行试探性远征。可萨突厥汗国虽然此时开始衰落,但是基辅罗斯作为一个新兴的国家,也不敢贸然发动进攻。于是罗斯人打着商业贸易的旗号,向可萨突厥汗国派出了小型的舰队。

在864—884年间,罗斯人经过可萨突厥控制的伏尔加河航道到达了里海,对里海东岸的阿贝斯孔(Abaskūn)进行了一次不成功的进攻。910年,16艘罗斯船只再次借道可萨突厥的伏尔加河—里海航道,出现在阿贝斯孔,抢劫了当地居民以及附近地区,掳掠并杀死了大量的穆斯林。根据穆斯林文献的记载,可萨突厥人对途经自己国家的船队收取 1/10 的关税。侵入阿贝斯孔的船只可能是在可萨政府善意的允许下到达里海地区的。

913 年,有近 500 艘基辅罗斯船只进入了与伏尔加河相通的伊埃尼凯勒海峡。这里驻扎有可萨突厥国王的人,他们筑垒固守,负责阻挡从海上或内地而来的任何人。

当罗斯船只航行到看守海峡进口的可萨突厥人的岗哨时,便派人请求国王允许他们穿过可萨突厥汗国控制的伏尔加河航道进入里海,前往里海西岸攻击阿拉伯人控制的阿塞拜疆地区。罗斯人答应把战利品的一半送给可萨突厥国王。

面对罗斯人强大的舰队,没有海军的可萨突厥难以抗衡,而且罗斯人许下的高额回报对可萨突厥人来说也很有吸引力,于是国王答应罗斯舰队取道伏尔加河。

罗斯人沿伏尔加河顺流而下,穿过了可萨突厥首都阿得尔城,最后到达伏尔加河注入里海的入海口。这里河面宽阔,水流量很大,当时罗斯舰队便分散在这一海面。他们派遣了一些骑兵特遣队冲向吉兰、德莱姆、泰伯里斯坦,攻击位于朱尔占海岸的阿贝斯孔,进犯生产石脑油的地区并将其劫掠推向阿塞拜疆。

罗斯人对阿拉伯人控制的里海西岸地区进行了残酷的攻击,导致血流成河。他们掠夺女子和儿童,发动大规模的屠杀性袭击,到处制造废墟和火灾。生活在这里的居民从未受到过来自海上的攻击,他们的海岸仅有商船和渔船经常出没。在与吉兰、德莱姆、朱尔占海岸、贝尔赛尔叶的边界、阿兰、拜莱干、阿塞拜疆的居民进行鏖战的同时,罗斯人一直推进到盛产石脑油的海岸,那里又以巴库之名而著称,是希尔宛王国的组成部分。

罗斯人满载战利品,返回伏尔加河河口并给可萨突厥国王送去一封书信,同时带去了他们同意奉送的一部分战利品。

可萨突厥国王的劲旅艾尔西叶军听说了罗斯人的暴行后,决定为自己的穆斯林同胞复仇,于是便对可萨突厥国王说:“让我们来处理这一民族的事务吧，他们劫掠了我们的穆斯林兄弟，使他们洒血并把他们的女子和儿童当做奴隶而处理。”

国王同意了艾尔西叶军的请求，于是他们集合起来，顺江而下前去迎战罗斯人。罗斯人从里海返回后，由于回程是逆流而上，因此艾尔西叶军可以在伏尔加河河口处阻挡，迫使罗斯军队登陆。当两军对阵时，罗斯人离开了他们的船只。在陆地上作战，可萨军队明显占据优势，他们的人数有1.5万人左右，配备有马匹和优良装备，追随他们的还有居住在阿得尔的一批基督徒。经过一场持续了不下3天的激战之后，可萨突厥军队在伏尔加河畔大败罗斯人，杀死对方近3万人，只有5000人逃脱了。

这次战役之后，可萨突厥人出于自身安全的考虑，对罗斯战舰关闭了河道。可萨突厥国王约瑟夫在给西班牙的沙普鲁写的信中就提到：“我住在阿得尔河的河口处，我不允许罗斯人的战舰通过，进入阿拉伯人的领地，同样我也不允许任何他们的敌人从陆路上进入他们的国家。我和他们进行了艰苦的战争。在全能的上帝的帮助下，我一直守卫着河口，如果我允许他们经过一个小时，他们就会毁坏阿拉伯人所有的国家，直到巴格达以及其他的国家。”

罗斯与可萨突厥的矛盾在这次战争中充分体现了出来，此后的罗斯大公为了夺取对伏尔加河—里海航道的控制，势必要发动对可萨的远征。经过几次远征，罗斯人对可萨突厥人的防御特征和军事力量已经有了清楚的认识。一旦时机成熟，罗斯人就会发动大规模远征，彻底扫除可萨突厥人的势力，打通伏尔加河—里海航道。965年，斯维亚托斯拉夫对可萨突厥汗国发动了最后一次也是最大规模的一次远征，最终导致了可萨汗国的覆亡。

964年，基辅罗斯大公斯维亚托斯拉夫亲政。刚一亲政，他便兴兵出征，要使仍向可萨突厥人纳贡的维亚吉奇人归顺罗斯国的基辅大公，他立志继续扩大基辅罗斯的版图。

斯维亚托斯拉夫率领罗斯军队取道奥卡河，在下诺夫哥罗德进入伏尔加河，在这里遇到了仍然臣服于可萨突厥汗国的维亚吉奇人。但是此时大公并没有征服他们,而是忙于向可萨突厥汗国进军。

罗斯人顺伏尔加河南下,首先攻打了伏尔加保加尔汗国,首都保加尔遭到劫掠。罗斯人前来进攻的消息传到可萨突厥汗国后,汗王率领军队准备应战。此时可萨突厥汗国的兵力有限,常年的边境战争已经大大削弱了可萨突厥的军事力量。

罗斯人在伏尔加保加尔取得胜利后,一路南下,顺势攻打了可萨突厥的属部布尔塔斯人,大肆劫掠一番后,正式向可萨突厥的首都阿得尔挺进。

965 年,罗斯人与可萨突厥人在阿得尔附近展开激战,最终可萨突厥军队被击溃,汗国的都城陷落了。罗斯人攻入城中,烧杀抢掠,把这座繁华的城市几乎夷为平地。城中居民四处逃散,有很多人沦为俘虏。

此后,罗斯人向西侵入顿河流域,对可萨突厥人的萨尔克尔要塞发动猛烈攻击,最终守军难敌罗斯军队,其顿河防线被彻底摧毁。

可萨突厥人的其他城市也遭到了厄运。968 年,阿拉伯史家伊本·豪卡尔在里海沿岸城市久尔疆向人打听可萨突厥城市萨曼达尔的情况,据说曾经拥有 4 万座葡萄园的如同花园一般的萨曼达尔在罗斯人攻击后已经一片萧条。树上连一片叶子也没有剩下,没有一颗葡萄或一粒葡萄干留在这里,许多居住在这里的居民也迁走了。

胜利的远征鼓励着罗斯大公进一步深入外高加索地区,罗斯军队甚至攻打了阿兰人(奥塞梯人的祖先)和卡索克人(切尔克斯人的祖先)。

斯维亚托斯拉夫两年多的东征最终由于巴尔干地区局势的变化而结束了,很快罗斯人就投入到对保加利亚人的战争中去了。在回国的途中,罗斯人顺势征服了可萨突厥的属民维亚吉奇人。至此,基辅罗斯基本上统一了东斯拉夫人各部。

斯维亚托斯拉夫的东征给可萨汗国以重创,从此可萨突厥汗国一蹶不振。

9.2 趁火打劫的乌古斯人

可萨突厥人还没有从罗斯军队进攻的阴影中摆脱出来,乌古斯人的攻击又接踵而至。

9世纪90年代佩切涅格人被可萨突厥人和乌古斯人联合夹击后就迁徙到黑海以北的大草原上了,原来佩切涅格人在伏尔加河以东的领地被乌古斯人占领。在10世纪中叶时,乌古斯人与可萨突厥人仍然是以伏尔加河为界。而在赶跑了佩切涅格人后,可萨突厥人成了乌古斯人西进最大的障碍。

乌古斯人主要生活在咸海草原到伏尔加河的广大地区,当时受到来自基马克人和伊斯兰世界两个方面的压力。生活在乌古斯人北方和东方的基马克人时常与他们争夺冬季牧场,给乌古斯人巨大的压力。

另外的压力来自伊斯兰世界。当时中亚河中地区的突厥人很多都皈依了伊斯兰教,而可萨突厥人的邻居乌古斯人仍然保持着原始的信仰,伊本·法德兰的游记中大量记载了作为异教徒的乌古斯人的风俗习惯。

伊本·法德兰一行路过乌古斯人领地的时候,乌古斯人感觉到有威胁,其中一位达干就说:"这是我们过去从来没有见过也没有听说过的事情。自从我的祖先和我们在这里以来,从来没有哈里发的使者穿越过我们的国家。我的感觉是这些人在对我们要阴谋,这些人实际上是想到可萨突厥人那里,鼓动他们来对付我们。"显然乌古斯人很害怕穆斯林与可萨突厥人联合起来攻打自己。

一些靠近中亚河中地区和花剌子模的乌古斯人后来皈依了伊斯兰教,这些人被称为土库曼人(Türkmäns)。他们和那些仍然保持原始信仰的族人之间爆发了战争,迫使不信仰伊斯兰教的乌古斯人向西迁徙。

乌古斯人感受到的压力促使他们向西方迁徙,而且可萨突厥人手中所把持的利益巨大的伏尔加河商道对乌古斯人也具有很大的诱惑力。随着罗斯人对可萨汗国的大举进攻获得成功,乌古斯人也从东方对可萨突厥人进行了攻击。

乌古斯人的趁火打劫使可萨突厥人防不胜防,可萨突厥的军队已经没有力量来抵挡这些骁勇善战的游牧骑兵了。于是可萨突厥汗王只好向里海东岸的花剌子模人求助。

花剌子模人一直以来忙于抵御古斯人的扩张,与古斯人的矛盾很深。古斯人的扩张影响着花剌子模人的利益,并威胁到花剌子模的安全。根据阿拉伯史料的记载,花剌子模人每年冬天都要和古斯人作战。考古发现也显示了花剌子模人在西北边界上修建了许多要塞来抵御古斯人。正是看到了这一点,可萨可汗才决定向花剌子模人求助。

花剌子模人答应了可萨突厥人的请求,但是提出条件,要让可萨突厥的犹太人皈依伊斯兰教。花剌子模使者说:"你们是犹太人,如果你们想要我们的帮助,你们就必须成为穆斯林。"在这危急时刻,可萨突厥人再次被迫选择了伊斯兰教,除了可萨突厥国王外,大部分可萨突厥人都皈依了伊斯兰教。

花剌子模人按照约定派出了援军,最终帮助可萨突厥人击退了乌古斯人的进攻。虽然暂时击退了外敌,但是可萨汗国已经分崩离析,强大、完整的可萨突厥汗国不复存在了。一部分可萨突厥人追随汗王逃往克里米亚半岛东部的塔曼半岛地区,在那里一直存在到 11 世纪前期。

9.3 过河拆桥的拜占庭人

拜占庭人与可萨突厥人长期以来保持着良好的盟友关系,虽然双方在克里米亚地区时有摩擦,但是从来没有兵戈相见。拜占庭在北方的防务体系一直依靠可萨突厥人来维持,可以说可萨是拜占庭对付草原民族的第一道防线。

可萨突厥人虽然是游牧民族出身,但是随着受定居文明的影响,他们更加倾向于维护周围的稳定,保证商路的畅通,于是不自觉地充当了黑海草原的卫士,抵御着东方游牧民族的进攻。拜占庭人正是看到了可萨突厥人在维护黑海草原安全上的意义,才与他们保持友好关系,而且在 9 世纪 30 年代与可萨突厥人共同修建了萨尔克尔要塞。

随着可萨突厥汗国的衰落,当可萨突厥人无力抵挡佩切涅格人的西迁，使得佩切涅格人大量进入黑海北岸之后，可萨突厥人对拜占庭的价值已经丧失，佩切涅格人取代了昔日可萨突厥人在拜占庭人心目中的位置。这个巨大的转变最突出地表现在拜占庭皇帝君士坦丁七世编写的《帝国的政治》中。这部书是这位皇帝学者为他的儿子而作的，主要介绍了当时周边民族的情况以及如何与周围的国家打交道，是一本"拜占庭的外交手册"。在这本外交手册中，君士坦丁七世用了大量的篇幅来记载佩切涅格人，全书共40章，包括开篇在内专门用于记载佩切涅格人的就有8章，而有关佩切涅格人的信息也在叙述其他民族的时候多次提及。书中对可萨突厥人则充满了敌意，用语经常是某某民族可以攻击可萨突厥人或某某民族是可萨突厥人的敌人。显然，这位拜占庭皇帝是把可萨突厥汗国作为一个敌对势力来记述的。

可萨突厥汗国遭受到罗斯人和乌古斯人的连续入侵后，已经对拜占庭没有任何利用价值了。可萨突厥人的流亡政权在塔曼半岛地区存在了将近50年，但无论是罗斯人还是拜占庭人都不愿看到这个小政权的存在。

10世纪下半叶，拜占庭的对外政策随着可萨突厥与基辅罗斯力量的消长开始发生变化。978年，拜占庭帝国发生内乱，同时多瑙河保加利亚人也对其发动军事进攻。拜占庭皇帝不得不向基辅大公弗拉基米尔求助，希望与其建立新的联盟关系。988年，弗拉基米尔大公与安娜公主成婚，并接受拜占庭东正教的洗礼，这就是著名的"罗斯受洗"事件。

1016年，拜占庭皇帝巴西尔二世派出舰队，与姐夫弗拉基米尔的兄弟率领的罗斯军队结成同盟，向可萨突厥人在塔曼半岛的流亡政权发动了进攻。最终联军征服了这一地区，俘获了可萨突厥人的统治者乔治·佐勒斯(Georgius Tzulus)。至此，可萨突厥汗国彻底覆亡了。

可萨突厥汗国的覆亡打破了南俄草原的格局，从此可萨突厥汗国在伏尔加河的防线不再存在，东方的游牧民族可以毫无障碍地越过伏尔加河，并最终到达多瑙河，再从这里进入巴尔干地区，这对拜占庭来说无疑是一场灾难。佩切涅格人、乌古斯人和钦察人(克普恰克人)的相继到来给拜占庭的西北边疆带来了巨大的麻烦，这也是拜占庭人在灭亡可萨突厥汗国时始料未及的。

尾声　何去何从的可萨突厥人

可萨突厥汗国灭亡后，可萨突厥人并非消失了，而是或迁徙他方，或继续生活在原来的地方，与其他的民族渐渐融合，或加入到新来的更强大的部落中，改变了他们的名字，采用新兴势力的名称。这种现象在欧亚大草原上是司空见惯的事情。

亡国后的可萨突厥人大概有几种不同的命运。一部分聚集在克里米亚东部以及塔曼半岛地区，后来成了罗斯人的臣民。一部分可萨突厥人迁入穆斯林控制的里海沿岸地区，后来成了高加索地区的穆斯林。还有一些可萨突厥人在钦察人涌入南俄草原后融入钦察人中。也有的向更远的西方迁徙，到达基辅、巴尔干半岛等地，有的甚至迁徙到了拜占庭。当然也有向东方迁徙的，花剌子模和咸海草原成了他们新的家园。

896 年，马扎尔人在首领阿帕德的率领下征服了潘诺尼亚，一同前往的还有从可萨突厥人中分离出来的卡巴尔人。这些卡巴尔人在文化上对可萨突厥人有很强的认同感，他们一直说着可萨突厥语，甚至还教会了马扎尔人可萨语。大量的卡巴尔人聚居在匈牙利东部的提萨河与萨摩斯河之间，12 世纪的匈牙利史官就曾提到当时有一个名为 Cozár 的民族生活在卡巴尔首领的附近，他们与卡巴尔人相处融洽。学者们一般认为，Cozár 人就是逐渐从南俄草原迁徙而来的可萨突厥人。

可萨突厥人在匈牙利留下了曾经生活过的印迹。匈牙利学者系统地研究了其国内的许多地名，如 Kazár、Kozár、Kozárd、Kozárvár 等，认为这些地名都来自于可萨突厥人。匈牙利首都布达佩斯东北 50 英里有个 Kazár 村，1953 年的时候政府还专门为这里发行过纪念邮票。此外，还有一些地名，如“可萨教堂”、“可萨城堡”、“可萨山谷”等都说明了可萨突厥人曾经在这里存在过。10—14 世纪的史料中还记载了一个名为 Kozárvári 的显赫家族,可能是一个可萨贵族家族,其姓氏来自可萨突厥人。

一部分信仰犹太教的可萨突厥人似乎也迁徙到了今天的罗马尼亚境内。生活在 Sfîntu Gheorghe 镇的犹太人中有一个古老的传说,他们认为自己是来自东方的信仰犹太教的白突厥人的后裔,他们的民族被基辅罗斯人征服了,所以迁徙到这里来。学者们认为,这些犹太人很可能来自可萨突厥汗国,他们可能是信奉犹太教的突厥商人或士兵,来到这里后逐渐定居下来,并与当地人融合。

许多可萨突厥人也来到了基辅。保存到今天的希伯来文信件说明,在 10 世纪时,基辅城存在着犹太人社区。著名的可萨突厥史料——"基辅信件"出自一位可萨突厥的犹太教徒之手,因为书信的书写地点在基辅,故而得名。信的内容主要讲述的是基辅一位名叫雅各的可萨犹太人的遭遇。雅各的一个兄弟借债外出做生意,但在途中不幸被强盗杀害,所有的钱也都被人抢走。债权人得知此事后找到遇害者的担保人雅各,迫使其为奴。基辅犹太社区为救雅各到处筹款,先付给了债主 60 枚金币,但尚缺 40 枚。于是,基辅犹太社区不得不写信向各地犹太人求助。

《罗斯编年史》提到,986 年可萨犹太人前去晋见基辅大公弗拉基米尔,请他加入自己的宗教。这段长长的叙述提到了拉丁人、希腊人和穆斯林以及犹太人在罗斯统治者面前进行宗教辩论,最终大公决定皈依拜占庭人的基督教。史料中提到的可萨犹太人很有可能就是生活在基辅的可萨突厥人。

可萨突厥人此后还多次出现在罗斯的史料中。根据《往年纪事》的记载,"1023 年,姆斯季斯拉夫率领可萨突厥人和卡索克人进攻雅罗斯拉夫"。姆斯季斯拉夫是基辅罗斯大公弗拉基米尔的儿子,当时坐镇塔曼半岛的特穆托罗坎。其父去世后,传位于其兄雅罗斯拉夫,是为基辅罗斯史上的智者雅罗斯拉夫。姆斯季斯拉夫不甘于统治自己的领地,于是率领可萨突厥人和卡索克人攻击当时的基辅罗斯大公雅罗斯拉夫。可萨突厥人跟随姆斯季斯拉夫出征,说明此时的可萨突厥人已经臣服于罗斯人，以属民的身份参与了罗斯的内战。

据伊本·豪卡尔记载，阿得尔的可萨突厥人逃离罗斯人的进攻后，一些人来到了里海东海岸的 Siyāh Kūh 岛，另一些人向南方撤退到了 Naphtha Coast 的诸岛之一。部分可萨突厥人还在沙尔宛国王的帮助下返回阿得尔，因为豪卡尔记载说："此时(可能是 977 年)罗斯人没有给保加尔人、布尔塔斯人和可萨突厥人留下任何东西，除了他们破坏后的一处处废墟之外。他们攻打所有的地方，从他们所有的邻居那里得到比他们想象的更多的东西。我被告知许多可萨突厥人在沙尔宛的国王穆罕默德·伊本·阿合马德的军队和人民的帮助下返回阿得尔和一些可萨突厥人原先的城市。"可萨突厥人与沙尔宛的国王订立了和约，在沙尔宛国王的统治下继续生活在原来的地方。11 世纪后期，还有可萨突厥人向南迁徙到打耳班地区。据《打耳班史》记载，在 1064 年"一些可萨的遗民，大约三千户从可萨突厥的领地迁徙到 Qahtān。他们重建了这里，从此定居于此"。

钦察人在俄罗斯史料中被称为波洛夫齐人，阿拉伯史料中称为库曼人，而匈牙利人则把他们称为昆人(Kun)。罗斯史料于 1054 年第一次提到钦察人出现在黑海以北的草原上，此时古斯人受到钦察人的压力被迫向西攻击佩切涅格人。1065 年，古斯人渡过多瑙河，洗劫了巴尔干半岛，直到塞萨洛尼基和拜占庭北部，但此后不久，他们被佩切涅格人和保加利亚人消灭，最终为钦察人所同化。古斯人被击溃后，钦察人留在俄罗斯草原，成了唯一的主人，因此后来也把俄罗斯草原称为钦察草原。

1079 年，弗谢沃洛德继承自己的父亲雅罗斯拉夫和哥哥斯维雅托斯拉夫，在基辅执政，整个罗斯的版图尽归其所有。其兄的儿子罗曼不满于此，于是伙同钦察人逼近沃伊尼。弗谢沃洛德驻军佩列雅斯拉夫利近郊，与钦察人缔结和约，于是钦察人杀死了罗曼，撤走了军队。同年，罗斯史料记载"可萨突厥人逮捕奥列格，将其驱逐到海外"。奥列格是罗曼的兄弟，他被可萨突厥人驱逐到君士坦丁堡，后来娶了拜占庭公主为妻，于 1083 年从拜占庭返回特穆罗坎，逮捕了当地的统治者，占领了那里。随后他处死了“参与谋害他的弟兄,并企图反对他本人的可萨突厥人”。从上文可以看出,杀死罗曼的是钦察人,而在1083年的记载中又说是可萨突厥人,这只能说明这些可萨突厥人已经臣属于钦察人,成为钦察人的一部分了。

参考文献

中文

包尔汉，冯家昇."西伯利亚"名称的由来.历史研究，1956(10).

蔡鸿生.唐代九姓胡与突厥文化.北京：中华书局，1998.

曹维安.俄国史新论.北京：中国社会科学出版社，2002.

岑仲勉.突厥集史.北京：中华书局，2004.

岑仲勉.西突厥史料补阙及考证.北京：中华书局，2004.

陈志强.拜占庭学研究.北京：人民出版社，2001.

陈志强.拜占庭帝国史.北京：商务印书馆，2003.

陈志强.巴尔干古代史.北京：中华书局，2007.

段连勤.丁零、高车与铁勒.上海：上海人民出版社，1988.

耿世民.古代突厥文碑铭研究.北京：中央民族大学出版社，2005.

龚方震.十世纪前突厥与匈牙利的关系//中外关系史论丛(第1辑).北京：世界知识出版社，1985.

龚方震.可萨汗国——东西方贸易的枢纽//中外关系史论丛(第4辑).天津：天津古籍出版社，1994.

龚方震.中亚古国可萨史迹钩沉//学术集林(6卷).上海：上海远东出版社 1995.

韩儒林.穹庐集.石家庄：河北教育出版社，2002.

黄陵渝.犹太教学.北京：当代世界出版社，2000.

蓝琪.论古斯人的地域及其与乌古斯人的关系.贵州师范大学学报，2001(4).

蓝琪.突厥可萨.中亚研究，1987(4).

李志敏.可汗名号语源问题考辨.民族研究，2004(2).

李增祥.突厥语概论.北京：中央民族学院出版社，1992.

林干,再思.东胡乌桓鲜卑研究与附论.呼和浩特:内蒙古大学出版社,1995。

林英.试论唐代西域的可萨汗国——兼论其与犹太人入华的联系.中山大学学报,2000(1).

马长寿.乌桓与鲜卑.上海:上海人民出版社,1962.

麻赫默德·喀什噶里.突厥语大词典.北京:民族出版社,2002.

纳忠.阿拉伯通史.北京:商务印书馆,1997.

芮传明.康国北及阿得水地区铁勒部落考——《隋书》铁勒诸部探讨之二.铁道师院学报,1990(4).

芮传明.古突厥碑铭研究.上海:上海古籍出版社,1998.

许序雅.中亚萨曼王朝史.贵阳:贵州教育出版社,2000.

薛宗正.突厥史.北京:中国社会科学出版社,1992.

姚薇元.北朝胡姓考.北京:科学出版社,1958.

余太山.嚈哒史研究.济南:齐鲁书社,1986.

余太山.塞种史研究.北京:中国社会科学出版社,1992.

余太山.嚈哒史若干问题的再研究//中国社会科学院历史研究所学刊(第1集).北京:社会科学文献出版社,2001.

余太山.两汉魏晋南北朝正史西域传要注.北京:中华书局,2005.

余太山.内陆欧亚古代史研究.福州:福建人民出版社,2005.

王钺.往年纪事译注.兰州:甘肃民族出版社,1994.

王钺.斯维亚托斯拉夫东征的历史意义//兰州大学学报,1987(2).

王治来.中亚通史.乌鲁木齐:新疆人民出版社,2004.

吴玉贵.突厥汗国与隋唐关系史研究.北京:中国社会科学出版社,1998.

张绪山.6—7世纪拜占庭帝国与西突厥汗国的交往.世界历史,2002(1).

译著

〔日〕安部健夫. 西回鹘国史的研究. 宋肃瀛,刘美崧,徐伯夫,译. 乌鲁木齐:新疆人民出版社,1985.

〔苏〕巴托尔德. 加尔迪齐著《记述的装饰》摘要——《中亚学术旅行报告(1893—1894 年)》的附录. 王小甫,译. 西北史地,1983(4).

〔苏〕威廉·巴托尔德. 中亚突厥史十二讲. 罗致平,译. 北京:中国社会科学出版社,1984.

〔俄〕巴托尔德. 蒙古入侵时期的突厥斯坦. 张锡彤,张广达,译. 上海:上海古籍出版社,2007.

〔美〕丹尼斯·塞诺. 丹尼斯·塞诺内亚研究文选. 北京大学历史系民族史教研室. 译. 北京:中华书局,2006.

〔法〕勒内·格鲁塞. 草原帝国. 蓝琪,译. 北京:商务印书馆,1999.

〔英〕H. 裕尔,撰,〔法〕H. 考迪埃,修订. 东域纪程录丛. 张绪山,译. 昆明:云南人民出版社,2002.

〔法〕哈密顿. 九姓乌古斯和十姓回鹘考. 耿昇,译. 敦煌学辑刊,1983(4).

〔法〕哈密顿. 九姓乌古斯和十姓回鹘考(续). 耿昇,译. 敦煌学辑刊,1984(1).

〔苏〕克利亚什托尔内. 古代突厥鲁尼文碑铭——中亚细亚史原始文献. 李佩娟,译. 哈尔滨:黑龙江教育出版社,1991.

〔阿拉伯〕马苏第. 黄金草原. 耿昇,译. 西宁:青海人民出版社,1998.

〔南斯拉夫〕乔治·奥斯特洛格尔斯基. 拜占庭帝国. 陈志强,译. 西宁:青海人民出版社,2006.

〔法〕沙畹. 西突厥史料. 冯承钧,译. 北京:中华书局,2004.

〔法〕瓦·奥·克柳切夫斯基. 俄国史教程(1 卷). 张草纫,浦允南,译. 北京:商务印书馆,1992.

〔匈牙利〕温盖尔·马加什,萨博尔奇·奥托. 匈牙利史. 阚思静.

龚坤余. 李鸿臣. 译. 哈尔滨:黑龙江人民出版社,1982.

〔美〕希提. 阿拉伯通史. 马坚,译. 北京:商务印书馆,1995.

〔阿拉伯〕伊本·胡尔达兹比赫. 道里邦国志. 宋岘,译注. 北京:中华书局,2001.

索　引

C

D

E

F

G

H

J

欧亚历史文化文库

已经出版

林悟殊著:《中古夷教华化丛考》 定价:66.00元
赵俪生著:《弇兹集》 定价:69.00元
华喆著:《阴山鸣镝——匈奴在北方草原上的兴衰》 定价:48.00元
杨军编著:《走向陌生的地方——内陆欧亚移民史话》 定价:38.00元
贺菊莲著:《天山家宴——西域饮食文化纵横谈》 定价:64.00元
陈鹏著:《路途漫漫丝貂情——明清东北亚丝绸之路研究》
定价:62.00元
王颋著:《内陆亚洲史地求索》 定价:83.00元
〔日〕堀敏一著,韩昇、刘建英编译:《隋唐帝国与东亚》 定价:38.00元
〔印度〕艾哈默得·辛哈著,周翔翼译,徐百永校:《入藏四年》
定价:35.00元
〔意〕伯戴克著,张云译:《中部西藏与蒙古人
——元代西藏历史》(增订本) 定价:38.00元
陈高华著:《元朝史事新证》 定价:74.00元
王永兴著:《唐代经营西北研究》 定价:94.00元
王炳华著:《西域考古文存》 定价:108.00元
李健才著:《东北亚史地论集》 定价:73.00元
孟凡人著:《新疆考古论集》 定价:98.00元
周伟洲著:《藏史论考》 定价:55.00元
刘文锁著:《丝绸之路——内陆欧亚考古与历史》 定价:88.00元
张博泉著:《甫白文存》 定价:62.00元
孙玉良著:《史林遗痕》 定价:85.00元
马健著:《匈奴葬仪的考古学探索》 定价:76.00元
〔俄〕柯兹洛夫著,王希隆、丁淑琴译:
《蒙古、安多和死城哈喇浩特》(完整版) 定价:82.00元
乌云高娃著:《元朝与高丽关系研究》 定价:67.00元
杨军著:《夫余史研究》 定价:40.00元

梁俊艳著:《英国与中国西藏(1774—1904)》 定价:88.00 元

〔乌兹别克斯坦〕艾哈迈多夫著,陈远光译:

《16—18 世纪中亚历史地理文献》(修订版) 定价:85.00 元

成一农著:《空间与形态——三至七世纪中国历史城市地理研究》

定价:76.00 元

杨铭著:《唐代吐蕃与西北民族关系史研究》 定价:86.00 元

殷小平著:《元代也里可温考述》 定价:50.00 元

耿世民著:《西域文史论稿》 定价:100.00 元

殷晴著:《丝绸之路经济史研究》 定价:135.00 元(上、下册)

余大钧译:《北方民族史与蒙古史译文集》 定价:160.00 元(上、下册)

韩儒林著:《蒙元史与内陆亚洲史研究》 定价:58.00 元

〔美〕查尔斯·林霍尔姆著,张士东、杨军译:

《伊斯兰中东——传统与变迁》 定价:88.00 元

〔美〕J. G. 马勒著,王欣译:《唐代塑像中的西域人》 定价:58.00 元

顾世宝著:《蒙元时代的蒙古族文学家》 定价:42.00 元

杨铭编:《国外敦煌学、藏学研究——翻译与评述》 定价:78.00 元

牛汝极等著:《新疆文化的现代化转向》 定价:76.00 元

周伟洲著:《西域史地论集》 定价:82.00 元

周晶著:《纷扰的雪山——20 世纪前半叶西藏社会生活研究》

定价:75.00 元

蓝琪著:《16—19 世纪中亚各国与俄国关系论述》 定价:58.00 元

许序雅著:《唐朝与中亚九姓胡关系史研究》》 定价:65.00 元

汪受宽著:《骊靬梦断——古罗马军团东归伪史辨识》 定价:96.00 元

刘雪飞著:《上古欧洲斯基泰文化巡礼》 定价:32.00 元

〔俄〕T. Б. 巴尔采娃著,张良仁、李明华译:

《斯基泰时期的有色金属加工业——第聂伯河左岸森林草原带》

定价:44.00 元

叶德荣著:《汉晋胡汉佛教论稿》 定价:60.00 元

王颋著:《内陆亚洲史地求索(续)》 定价:86.00 元

尚永琪著:

《胡僧东来——汉唐时期的佛经翻译家和传播人》 定价:52.00 元

桂宝丽著:《可萨突厥》 定价:30.00 元

敬请期待

李鸣飞著:《玄风庆会——蒙古国早期的宗教变迁》
马小鹤著:《光明的使者》
许全胜著:《黑鞑事略汇校集注》
张文德著:《朝贡与入附——明代西域人来华研究》
篠原典生著:《西天伽蓝记》
张小贵著:《祆教史考论与述评》
贾丛江著:《汉代西域汉人和汉文化》
王冀青著:《斯坦因的中亚考察》
王冀青著:《斯坦因研究论集》
王永兴著:《敦煌吐鲁番出土唐代军事文书考释》
薛宗正著:《汉唐西域史汇考》
李映洲著:《敦煌艺术论》
〔俄〕波塔宁著,〔俄〕奥布鲁切夫编,吴吉康译:《蒙古纪行》
〔德〕施林洛甫著,刘震译校:《叙事和图画
——欧洲和印度艺术中的情节展现》
王冀青著:《斯坦因档案研究指南》
〔苏联〕巴托尔德著,张丽译:《中亚历史》
徐文堪编:《梅维恒内陆欧亚研究文选》
〔苏联〕K. A. 阿奇舍夫、Г. A. 库沙耶夫著,孙危译:
《伊犁河流域塞人和乌孙的古代文明》
徐文堪著:《古代内陆欧亚的语言和有关研究》
刘迎胜著:《小儿锦文字释读与研究》
李锦绣编:《20 世纪内陆欧亚历史文化研究论文选粹》
李锦绣、余太山编:《古代内陆欧亚史纲》
郑炳林著:《敦煌占卜文献叙录》
陈明著:《出土文献与早期佛经词汇研究》
李锦绣著:《裴矩〈西域图记〉辑考》
王冀青著:《犍陀罗佛教艺术》
王冀青著:《敦煌西域研究论集》
李艳玲著:《公元前 2 世纪至公元 7 世纪前期西域绿洲农业研究》
许全胜、刘震编:《内陆欧亚历史语言论集——徐文堪先生古稀纪念》

张小贵编:《三夷教论集——林悟殊先生古稀纪念》
李鸣飞著:《横跨欧亚——马可波罗的足迹》
杨林坤著:《西风万里交河道——明代西域丝路上的使者与商旅》
杜斗诚著:《杜撰集》
林悟殊著:《华化摩尼教补说》
王媛媛著:《摩尼教艺术及其华化考述》
〔日〕渡边哲信著,尹红丹、王冀青译:《西域旅行日记》
李花子著:《长白山踏查记》
王冀青著:《佛光西照——欧美佛教研究史》
王冀青著:《霍恩勒与鲍威尔写本》
王冀青著:《清朝政府与斯坦因第二次中国考古》
芮传明著:《摩尼教东方文书校注与译释》
马小鹤著:《摩尼教东方文书研究》
段海蓉著:《萨都剌传》
〔德〕梅塔著,刘震译:《从弃绝到解脱》
郭物著:《欧亚游牧社会的重器——鍑》
王邦维著:《玄奘》
冯天亮著:《词从外来——唐代外来语研究》
芮传明著:《内陆欧亚中古风云录》
王冀青著:《伯希和敦煌考古档案研究》
王冀青著:《伯希和中亚考察研究》
李锦绣著:《北阿富汗的巴克特里亚文献》
〔日〕荒川正晴著,冯培红译:《欧亚的交通贸易与唐帝国》
孙昊著:《辽代女真社会研究》
赵现海著:《明长城的兴起
——"长城社会史"视野下明中期榆林长城修筑研究》
华喆著:《帝国的背影——公元 14 世纪以后的蒙古》
〔苏联〕伊·亚·兹拉特金著,马曼丽译:《准葛尔汗国史》(修订版)
杨建新著:《民族边疆论集》
〔美〕白卖克著,马娟译:《大蒙古国的畏吾儿人》
余太山著:《内陆欧亚史研究自选论集》
